Evreux, A. Hérissey, Imprimeur.

MONSTRES GÉNÉRALLES

DE LA NOBLESSE

DU

BAILLIAGE D'ÉVREUX

EN M CCCC LXIX.

PARIS,

DUMOULIN, LIBRAIRE, QUAI DES AUGUSTINS, 13.

ROUEN,

LE BRUMENT, LIBRAIRE, QUAI NAPOLÉON, 55.

1853.

L'art héraldique, la généalogie de la maison royale de France et de ses grands dignitaires, l'histoire générale ou particulière de la noblesse et des différents ordres de chevalerie, sous forme de traités, de dictionnaires et d'histoires particulières, ont donné naissance à un grand nombre de recherches plus précieuses de jour en jour.

Les ouvrages des Anselme, des La Roque, des Brussel, des La Chesnaye, des Saint-Allais et des d'Hozier sont des trésors d'érudition qui renferment les documents les moins contestables sur les familles dont le nom brillait en France dans les temps passés.

Ceux que la naissance, la faveur ou le mérite appelèrent aux pieds du trône, ont toujours trouvé chez eux des biographes plus ou moins exacts, et, grâce à cette influence accidentelle, les personnages sur lesquels devait naturellement se refléter cette illustration, ont bénéficié de la gloire d'un ancêtre ou d'un descendant.

Il en est de même des annoblissements mérités par des services rendus au pays. Quant à ceux, beaucoup plus nombreux, que la possession des francs fiefs fit surgir à la fin du XVe siècle et que les besoins du fisc taxaient à un taux plus ou moins élevé, selon qu'ils facilitaient aux parvenus un plus sûr accès aux honneurs, ils ne manquèrent pas non plus d'historiens. Il restait toujours assez de l'épargne bourgeoise pour acheter l'historien après le titre ; mais la conscience des écrivains salariés n'a jamais été bien scrupuleuse dans la critique et le choix des preuves de noblesse.

Pour ne parler que de la Normandie, sur l'histoire de laquelle sont plus spécialement dirigées nos études, on est surpris du nombre des annoblissements qui s'y faisaient et de l'énormité des sommes dont la chambre des comptes enregistrait annuellement le versement, avec une sorte de cynisme fiscal. Il semble que l'ambition des honneurs et des priviléges, comme l'aimant, faisait affluer au trésor royal les lingots de l'Amérique, aussitôt qu'ils touchaient la main du marchand.

La vanité, dans tous les temps, a mis les cœurs en émoi: aussi, trop souvent, celui qui ne pouvait acheter un titre, a trouvé tout simple de l'usurper.

Les travaux des Montfaut, des Chevillard, des La Galissonnier et de leurs successeurs chargés de réviser les titres et les usurpations des prétendants aux exemptions de la noblesse, ont révélé le nombre des privilégiés qui semblait vouloir absorber la nation; et la nécessité de recourir à une pareille mesure, lorsqu'on sait le nombre légal des nobles et des annoblis, laisse supposer l'immensité de celui des personnes qui furent écartées. Dans le dédale des titres présentés, des justifications indirectes, vraies ou frauduleuses, exposés qu'ils étaient à des influences de toute nature, on se sent disposé à reconnaître à ces magistrats un courage supérieur peut-être au courage qui fait affronter les dangers de la guerre.

Cependant les listes imprimées ou restées manuscrites auxquelles donnèrent lieu les recherches de ces sévères investigateurs de la couronne, vrais trésors pour l'érudition, même en y joignant les ouvrages si précieux de leurs devanciers, sont loin de pouvoir suffir à l'étude de l'histoire locale.

Lorsqu'on veut dresser la liste et la généalogie, trop rarement historique, des personnages qui tinrent en leur possession les fiefs dont les donjons, les manoirs ou les simples chef-mois, couvraient autrefois le sol du pays, on est arrêté tout d'abord, et forcé de recourir aux documents épars et ignorés de nos bibliothèques et de nos archives.

Ce n'est plus que dans les chartes disséminées dans les cartulaires et dans les parchemins épargnés par la révolution, la guerre ou l'ignorance, qu'il est possible d'aller rechercher les détails de la vie des compagnons de Guillaume, personnages pour la plupart oubliés aujourd'hui. Les chevaliers qui suivirent Robert ou Richard, Philippe ou saint Louis à la croisade, et successivement les Rois de France dans les luttes de la monarchie, n'ont pas tous leur nom inscrit aux voûtes de Versailles, et les titres de nos abbayes auraient permis d'ajouter bien des noms et des écussons à cette glorieuse série, si la stupide ignorance d'un fonctionnaire n'avait coupé au bas de leurs chartes les sceaux des compagnons de Simon de Montfort ou de saint Louis, qui gênaient dans le classement des archives le jeu des cordes et l'empillage des liasses.

Nos cartulaires sont en grande partie perdus ; celui du Bec, par exemple, cette abbaye à laquelle doivent tant les lettres et les sciences du moyen-âge, manuscrit d'une importance inappréciable, acheté au prix du parchemin, tout au plus, se retrouve en fragments sur le dos des registres que l'administration militaire entasse inutilement dans nos archives ; les enluminures admirables de ces titres glorieux n'ont point arrêté le ciseau d'un relieur ignare ; il a détruit, pour quelques francs à peine, un trésor qui valait une fortune.

On saurait exactement le nom des artistes auxquels sont dues les merveilles architecturales de nos contrées, si la destruction des comptes des chapitres et des abbayes (1) n'avait rejeté dans l'oubli et le néant les noms glorieux des peintres, des verriers, des sculpteurs et des architectes dont on admire encore l'œuvre devenue anonyme, et plus d'une de nos villes y aurait peut-être trouvé des illustrations authentiques à couler en bronze pour l'émulation du temps présent.

Après des désastres aussi regrettables, sous une administration éclairée, qui comprend l'utilité de l'histoire, en

(1) Le 28 fructidor an V, l'administration municipale d'Evreux possédait à l'évêché, dont elle fut évincée par l'arrivée du premier préfet, un dépôt de près de 6,000 liasses et registres du chapitre d'Evreux seulement. En outre des cartulaires heureusement conservés, quatre cartons contiennent aujourd'hui ce qu'il en reste, et ce sont, pour la plupart, des papiers insignifiants.

encourage l'étude, et qui ne néglige point la gloire du
passé pour celle du présent, une commission spéciale a
reçu la mission de recueillir les débris de notre histoire
pendant le moyen âge. Appelant à son aide toutes les intelligences du pays, elle a décidé de réunir, de classer
et de publier successivement les chartes et les documents
les plus importants qu'elle pourrait encore trouver. Dési-
reuse de continuer l'œuvre si fatalement interrompue d'un
illustre savant, et voulant, autant qu'il lui est possible,
venir en aide à cette patriotique entreprise quand la science
aura pu le rendre à la santé et à l'étude, elle a voulu,
dès à présent, poser des jalons de repère dans ce labyrinthe
inextricable des fiefs et des divisions judiciaires, et livrer
à l'investigation de tous un document intéressant un grand
nombre de localités.

Déjà l'histoire de nos institutions ecclésiastiques et la
topographie des bénéfices religieux ont donné lieu à des
publications importantes pour le diocèse de Lisieux ; les
diocèses de Rouen et d'Evreux, dont le territoire a égale-
ment contribué à former celui du département de l'Eure,
sont l'objet d'études semblables (1) et vont donner lieu à
à de prochaines publications.

C'est donc dans un autre ordre de matériaux, dans ceux
qui peuvent jeter quelques lumières sur le personnel et la
mouvance des fiefs aux différents siècles du moyen âge, que
cette commission a dû diriger ses explorations afin de marcher
en avant, sans refaire inutilement ce que d'autres ont déjà
fait. Pour cette première publication, elle a choisi un
document inédit intéressant tout le bailliage d'Evreux (2).

(1) La Société des Antiquaires de Normandie a décidé que le Recueil
des Pouillés du diocèse d'Evreux serait imprimé cette année dans ses
mémoires.

2) Le manuscrit que reproduit cette publication appartient aujourd'hui
aux archives du département de l'Eure, pour lesquelles il fut acheté
avec d'autres pièces, lors de la vente des archives de M. le baron de
Joursanvault, en 1852. Il est inscrit dans le catalogue de cet amateur
sous le no 1789 (t. 1, p. 522), et aujourd'hui aux archives départemen-
tales sous le no 25 des registres.

Au milieu du XVᵉ siècle, la noblesse jouissait encore de tous ses privilèges féodaux ; à elle seule appartenait le droit de défendre le pays ; et les annoblissements des francs-fiefs n'ayant pas eu lieu, c'est presque entièrement les descendants des croisés ou des guerriers qui ont expulsé l'étranger qu'on retrouve dans la montre générale de la noblesse que le bâtard de Bourbon (1) vint, avec le bailli d'Evreux, tenir à Beaumont-le-Roger, centre naturel du bailliage, les 17 et 18 mars 1469.

Il est couvert d'une reliure de basanne rouge sur le dos et de parchemin sur les plats. C'était primitivement un cahier ou plutôt une main de 24 feuilles de papier du XVᵉ siècle, avec un de ces filigranes dont M. Janssen a recueilli les représentations.

Il a 0,32 c. de hauteur et 0,22 c. de largeur. Cinquante-neuf pages seulement sont couvertes d'écriture. Le surplus, resté blanc, a été enlevé, on ne sait quand, à l'aide d'un instrument tranchant.

L'écriture en est cursive et porte le caractère de la fin du XVᵉ siècle. Quoique le manuscrit ne soit qu'une *coppie* et que les signatures officielles n'y aient point été apposées pour lui donner de l'authenticité, nous ne faisons aucun doute à cet égard et l'histoire trouvera peut-être un jour le moyen de vérifier cette assertion.

Pour qui connaît les habitudes orthographiques du moyen âge, il n'est pas surprenant que les noms de familles et ceux des fiefs aient été mutilés ou modifiés ; mais ces variantes ou erreurs, presque inévitables, sont faciles à rectifier et à expliquer, et se retrouvent au surplus habituellement dans des documents infiniment plus modernes, émanés des mêmes sources.

On ne sait par quelle voie ce manuscrit tomba entre les mains du baron de Joursanvault, mais sa nature semble indiquer que c'est un des débris échappés à l'incendie de la Chambre des Comptes de Paris. Toutefois, ce n'est pas directement qu'il vint en la possession de cet amateur, puisque sur le feuillet de garde on trouve cette mention :

« *De l'inventaire du 7 ventôse, 3ᵉ année républicaine,*
cotte trente-un. »

On ne sait à quel inventaire se réfère cette mention, mais il est possible qu'il s'agisse d'un dépôt public dont il aurait été distrait pour être vendu par un employé infidèle.

(1) Louis, bâtard de Bourbon, comte de Rouxillon en Dauphiné, près de Vienne, était fils naturel de Charles Iᵉʳ, duc de Bourbon et d'Auvergne

Le texte de l'ordonnance de Louis XI, en exécution de laquelle fut tenue cette montre, aurait contenu l'exposé le plus vrai des motifs qui donnèrent lieu à cette mesure. On aurait pu savoir d'une manière positive s'il s'agissait alors de préparatifs de guerre ou d'une simple revue militaire; mais cette pièce importante paraît n'avoir jamais été imprimée, et les nouvelles dispositions réglementaires du dépôt des archives du gouvernement, avec leur excessive sévérité, n'ont point permis de songer à la faire rechercher dans le recueil des actes de la royauté contemporaine.

Quelque regrettable que soit cette lacune, elle n'a cependant rien enlevé de son utilité au document que nous publions ; car cette ordonnance n'ajouterait aucun intérêt nouveau aux détails généalogiques ou géographiques des noms d'hommes ou de fiefs qu'on y trouve ; elle ne contiendrait rien qui pût faire ressortir davantage les détails que l'archéologie y puisera en si grand nombre sur les différentes armures du XVᵉ siècle, leur nom, leur forme et leur importance.

Chacun semble, en effet, être venu présenter à l'envoyé

et de Jeanne de Bournan. Il fut légitimé par lettres données à Pontoise au mois de septembre 1463.

Jean II, duc de Bourbon, son frère, lui fit don de la baronnie de Rouxillon, en 1461 ; et, le 19 août de la même année, il rendit hommage de cette seigneurie au roi Louis XI, qui l'érigea en comté lorsqu'il le maria, dans le mois de février 1465, avec Jeanne, sa fille naturelle, qu'il avait eue de Marguerite de Sassenage.

Dès 1460, le duc de Bourbon, son frère, l'avait établi maréchal et sénéchal du Bourbonnais. Le roi l'avait nommé capitaine châtelain de Verneuil, le 24 juillet 1461, et, plus tard, lieutenant général dans la province de Normandie.

La seigneurie d'Usson, en Auvergne, lui fut donnée par le roi, le 21 avril 1460 ; ce prince le fit amiral de France dans la même année, et chevalier de son ordre en 1469.

Il mourut, si l'on s'en rapporte à son épitaphe, en 1489, et fut enterré dans l'église de Saint-François de Vallognes, qu'il avait fondée.

Il portait *de France, au bâton noueux de gueules mis en barre.*

On conserve un sceau de lui, en qualité d'amiral de France et capitaine de Grandville et d'Honfleur, à la date de 1467. Il représente une nef dont la voile est au vent et sur laquelle sont ses armes.

du Roi les armes traditionnelles de sa famille, et tout l'équipage guerrier de la chevalerie. Les écuyers, les pages et les valets, en un mot, toute la vieille armée de la chevalerie ne porte encore aucune de ces armes offensives que les progrès de la science venaient de créer.

L'artillerie du Roi était confiée par lui seul à des compagnies soldées. On voit peu de membres de la noblesse du pays attachés à ce corps, quoique déjà le canon eût la voix prépondérante dans les batailles. Aucune de ces curieuses armes à feu, qu'on voit classées dans nos musées sous tant de noms et de formes diverses, ne sont indiquées ; et cependant c'est bien près de cette époque, qu'elles devaient exercer une si désastreuse influence contre les peuplades sauvages de l'Amérique. On peut se rendre compte, en présence d'un pareil équipement, de la cause réelle qui fit perdre tant de batailles célèbres, quel que fût le courage personnel de la noblesse.

Rien jusqu'à ce jour n'avait fourni de matériaux suffisants pour délimiter d'une manière précise l'étendue du bailliage d'Evreux et de ses vicomtés. La montre de 1469 les indique, d'une manière officielle et authentique. Les empiétements des bailliages de Gisors et de Verneuil sur celui d'Évreux, à différentes époques, deviendront peut-être explicables.

Pour parvenir plus promptement à ce résultat, il eût été désirable que, dès à présent, des notes et des citations détachées, jointes à chaque article, eussent, pour ainsi dire, démêlé les fiefs et leurs mouvances en fixant leur position topographique ; mais c'eût été faire le travail pour lequel tant de recherches sont encore indispensables. Quand on saura que les possesseurs actuels de certains fiefs, aidés des titres de leur propriété, ignorent souvent le nom et la position de quelques-uns d'entre eux, on reconnaîtra qu'un travail d'aussi longue haleine ne pouvait être improvisé.

Il semblait plus facile d'ajouter ici, sous forme de dictionnaire, quelques détails spéciaux sur le nom et la situation des hameaux et des paroisses ; mais, là encore, il fallait se condamner à rester incomplet. Si l'on veut bien consulter les dictionnaires si précieux de MM. Le Prevost et Gadebled, qui ont puisé à toutes les sources connues, et dont la science et le talent ne sont ignorés de personne, on verra combien a été grande la différence des appellations locales aux siècles passés, et combien le silence de nos savants amis rendait la tâche difficile.

Disposant, dès à présent, de documents nombreux recueillis de longue main, la sympathie des familles serait certainement venue souvent à notre aide ; mais c'eût été déflorer, sans une grande utilité, un travail collectif, et montrer que l'étude n'est pas toujours couronnée de succès. L'espoir des découvertes ultérieures entretient, peut-être plus que tout autre motif, la persévérance à fouiller dans nos annales ; il faut laisser aux travailleurs de bonne volonté, auxquels ont fait appel, le mérite et l'honneur qui doivent s'attacher à leurs œuvres.

C'est d'ailleurs de la fusion de matériaux d'une variété infinie, que peut jaillir quelque lumière sur notre passé.

Les immenses recherches de M. Léopold Delisle, pour établir quel fut au moyen âge l'état de notre agriculture et des agriculteurs Normands, laissent voir combien il reste à faire à l'historien. Combien de parchemins et de titres poudreux ne faudra-t-il pas secouer de leurs casiers ignorés, pour y puiser de trop rares documents sur nos monuments ecclésiastiques, militaires et civils ; nos institutions provinciales, féodales, judiciaires, communales, religieuses ou de bienfaisance ; nos lois et nos coutumes spéciales et locales ; notre industrie et ses merveilleuses créations. Pour reconnaître les influences exercées par les révolutions politiques sur l'état matériel, intellectuel ou moral des sociétés qui nous précédèrent en Normandie, ce n'est pas trop de l'activité de toutes les intelligences qui se livrent, dans nos contrées, à l'étude de l'histoire.

En présence de tant de difficultés, nous avons donc prudemment réduit notre rôle à celui d'éditeur, laissant à la découverte et à la communication fortuite de renseignements nouveaux, la solution des difficultés nombreuses devant lesquelles notre patience et notre zèle ont dû s'arrêter.

TH. B.

Evreux, 1er mars 1853.

Nous aurions voulu publier ici la bibliographie analytique des principaux ouvrages et recueils, manuscrits ou imprimés, dans lesquels les personnes qui s'occupent de notre histoire locale pourraient trouver des renseignements analogues à ceux compris dans la montre de 1469, sur les fiefs et la noblesse de Normandie; mais ce travail n'eût rien appris de nouveau aux personnes livrées à cette étude; aussi, pour ne pas ajouter de nouveaux retards à la publication de ce volume, et ne point sortir des limites qui nous sont accordées, nous avons dû en ajourner l'impression.

C'EST LE PAPPIER des Monstres Généralles des nobles noblement tenans en fief ou arrière fief du Roy notre sire ou d'autre soubz lui, officiers dud. seigneur ou bailliage d'Evreux, et autres qui ont acoustumé eulx armer, suyvir et fréquenter les guerres, ainsi que le Roy notredit seigneur l'a voullu et ordonné par ses lettres dabtées du derrenier jour de joevier derrenier passé, faictes et tenues à Beaumont le Rogier les samedy et dimenche xvij^e et xviij^e jour de mars l'am mil cccc soixante neuf; par nous Louys, bastard de Bourbon, conte de Roussillon, seigneur de Vallongnes et d'Usson, admiral de France et lieutenant général du Roy notred. seigneur en Normendie; et les sermens d'iceulx nobles et autres reçeuz par Monsseigneur Jehan Chollet, chevalier, seigneur de la Cholletière, conseiller maistre d'ostel, et à ce commis du Roy notred. seigneur. Présens et appelon à ce Guillamme de Las, escuier, seigneur de Vaussellas, aussi conseiller dud. seigneur et son bailli d'Evreux; Nicolas de Fréville, lieutenant général dudit bailli; Philippe Valles, substitut du procureur du Roy notred. seigneur oud. bailliage.

Les noms desquelz nobles et autres dessusdits, ensemble les abillemens et armures esquelz ilz se sont présentéz esd. monstres, par les vicontés dud. bailliage, enssuivent

ET PREMIÈREMENT :

LA VICONTÉ D'ÉVREUX.

ARCHIERS.

Jehan de Maillocq, escuier, seigneur de Saquenville en partie et du Boulley Morin, se présenta en
abillement d'archier, armé de brigandines, ung varllet
en sa compaignie, montéz de deulx chevaulx.

Jehan Marie, se présenta et fut reçeu pour et en
lieu de maistre Simon Chevestre, prebtre, doyen
d'Evreux et seigneur en son nom privé de Saint
Germain des Angles; et estoit ledit Marie armé de
brigandines, arc et trousse, monté d'un cheval.

Jehan Leclerc, seigneur de partie d'une porcion
de fief assise à Neufville, se présenta et fut reçeu tant
pour luy que pour Richard Benest, seigneur de
l'autre partie et porcion dud. fief, en abillement
d'archier, monté et armé suffisamment.

Nouel le Francoys l'aisné, bourgoys d'Evreux,
seigneur d'Outreboys et du Mesnil Anceaulme, aagié
de iiij ˣˣ ans et plus, présenta pour faire le service
pour et en lieu de luy Pierres Chambrays, deuement
monté et armé en abillement d'archier; à quoy il fu
reçeu, considéré son aage.

Guillamme de Neel, escuier, tenant d'un tenement
noble contenant L. acres de terre, se présenta à cheval, armé de brigandines, arc et trousse.

Guillamme Brayer, escuier, seigneur de Saint
Aubin jouxte Vieulx Evreux, se présenta, et, pour en
lieu de luy, considéré son aage, antiquité, fu reçeu

Pierres Brayer, escuier, son filz, en abillement d'archier, monté et armé suffisamment.

Guillot du Mesnil, escuier, seigneur d'une porcion de fief assise à Saint Vincent du Boulley, se présenta à cheval, en abillement d'archier.

Jaques Mignart, seigneur de la Muse, se présenta en abillement d'archier, armé de brigandines, sallade, espée et dague, ung varlet en sa compaignie, montéz de deulx chevaulx.

Guillamme de Bordenc, se présenta et fu reçeu pour luy et Robert d'Arcuton, escuier, seigneur de Cessar en partie, au droit de la damoiselle sa femme, mère dud. Guillamme, en abillement d'archier, monté et armé suffisamment.

Guiot de Henault, se présenta et fut reçeu pour Jehan le Moine l'aisné, bourgoys d'Evreux, seigneur d'Aviron, aagé de iiij ^{xx} ans et plus et mallade de gravelle et autres maladies ; et estoit armé de brigandines, arc et trousse, monté d'un cheval.

Robin Mabire, se présenta et fut semblablement reçeu pour et ou lieu de Guillamme le Couvreux, en abillement d'archier.

Nicolas de Fréville, lieutenant général du bailli d'Evreux et garde des seaulx aux obligacions de la viconté du Pontautou et Pontaudemer, présenta à faire le service pour et ou lieu de lui, Jehan le Peletier, en abillement d'archier, monté et armé suffisamment ; à quoy il fu reçeu, considéré la charge et entremise qu'il a pour les faiz et affaires du Roy.

Nicolas de Louvigny, escuier, seigneur du Mesnil Augeron, ou bailliage d'Allençon, en la viconté de

Monstereuil, présenta Collin de Beausse, en abillement d'archier, monté et armé suffisamment, qui fu reçeu actendu la gravité et pésanteur dud. de Louvigni.

Jehan de Venoys, escuier, seigneur du Nuyzement, lequel pour luy, Robin de Venoys, son père, aagé de LX ans et plus, estant avecques luy demourant et à ses dépens de toutes chosses, se présenta armé de brigandines, arc et trousse, à deulx chevaulx.

Nouel le Francoys le jeune, seigneur du quart du fief assis à Guérembouville, se présenta, et, pour et en lieu de lui, fu reçeu Raulet Chevalier, en abillement d'archier, monté et armé suffisamment.

Erchembault Chérel, se présenta, disant qu'il avoit suyvy les guerres et qu'il serviroit ou et quant il luy seroit ordonné et commandé, en abillement d'archier, suffisamment monté et armé.

ARBALESTIERS.

Martin de Beaumont, seigneur d'une porcion de fief nommé Boisrégnart, se présenta armé de brigandines, sallade, espée et arbalestre, monté à cheval.

Gabriel Erembout, escuier, seigneur du Buisson soubz Sorel, se présenta à cheval, armé de brigandines et arbaleste.

VOULGIERS.

Jehan Lespringuet, seigneur d'Argences, chappelain en l'église Notre Dame d'Evreux, estant ès ordres de prestre, présenta pour faire led. service, à cause de sond. fief, Loys Rommy, armé de corsset blanc et vouge, monté à cheval.

Gilles Lespringuet, seigneur d'une porcion de fief assis à Omonville, se présenta en abillement de brigandines, salade et vouge, ung varlet en sa compaignie, monté de deulx chevaulx.

Jehan des Haies l'aisné, bourgoys d'Evreux, à cause de sa femme, seigneur d'une porcion de fief nommé les Breux, se présenta en abillement de brigandines, salade et vouge, acompaignié d'ung varlet, montéz de deulx chevaulx.

Jehan Louvel, escuier, seigneur du Bucherin, du fief au Bigault et du fief Baudy, à Combon, se présenta armé de brigandines, vouge et salade, ung paige en sa compaignie, montéz de deulx chevaulx.

Jehan Postel, seigneur d'une porcion de fief nommé les Mynières et de Gresboys, se présenta en abillement de brigandines, salade et vouge, ung paige en sa compaignie, montéz à deulx chevaulx.

Thomas de Quiquernon, seigneur d'une porcion de fief nommé le fief d'Azeville, aagié de LXX ans, présenta pour et en lieu de luy Guillot le jeune, armé de brigandines, salade et vouge; à quoy il fu reçeu, veù son aage et fleblesse.

Robin Gouverman, seigneur d'une porcion de fief nommé le fief de Gaudeneval et sergent de Nonnancourt, se présenta en abillement de brigandines, vouge, salade et dague, montéz d'un cheval.

Jehan Cosse, seigneur d'une petite porcion de fief assise à Saint Aubin jouxte Vieux Evreux, se présenta armé de corset, salade et vouge et à cheval.

Gaultier Dauvillier, seigneur d'une porcion de fief

nommé Gratheul, se présenta armé de brigandines, salade et vouge.

Jehan Duval, escuier, seigneur de Guérembouville en partie, se présenta à cheval, en abillement de salade, vouge et ganteletz ; et luy fut commandé avoir brigandines.

Robinet Sebire, seigneur d'une porcion de fief assis à Honneteville, se présenta en abillement de brigandines, salade et ganteletz et vouge.

Guillamme le Coq, escuier, seigneur d'un huitième de fief nommé les Rotours, se présenta à cheval, armé de brigandines, vouge et salade.

Jehan des Gruyaulx, seigneur d'une porcion de fief, où il n'a court ne usage, assis à Garrel, se présenta à cheval, en abillement de corsset, salade, ganteletz, vouge et dague.

Mautry du Vaul Davy, seigneur d'un huitième de fief assis aud. lieu. *Vacat cy pour ce qu'il est homme d'armes.*

Guillamme Sebire, seigneur de la Heuze, à Garencières, se présenta armé de brigandines, harnoys de jambes, salade et vouge, et ung paige en sa compaignie, montéz de deulx chevaulx.

Gieffroy Postiz, seigneur d'une porcion de fief nommé Hault Menilles, se présenta, et, pour et en lieu de lui, fu prins et reçeu Guillamme Triloche, en abillement de brigandiniers, salade, vouge et à cheval.

Jehan Chevestre, seigneur en une partie de deulx porcions de fief assis aux Rotours et à Beauchesne, se présenta non abillé, disant que il n'avoit de quoy soy habillier ; maiz ce néantmoins, luy fu chargé et enjoint faire le service comme voulgier, au millieur abillement qu'il pourra.

Guillamme Ernoult, seigneur en l'autre partie desd. fiefz, se présenta non habillé ; par quoy luy fu faicte semblable inhibicion que aud. Chevestre.

Jehan de Sengueuze, escuier, seigneur d'iceluy, se présenta à cheval, armé de brigandines, vouge, salade, ganteletz et gorgeri.

Georges de Pilliers, escuier, seigneur d'une porcion de fief nommé la Bruierre, du Mesnil sur l'Estrée et de Nateauville, se présenta armé de brigandines, vouge, salade et ganteletz, monté à cheval.

Guillamme de Cabourt, escuier, seigneur de Haulterre, se présenta armé de harnoys blanc, salade, espée et vouge.

Martin Potin, payant taille, tenant d'une porcion du demaine de Trencevillier, où il n'a court ne usage, ne autre droicture seigneurial ; mais néantmoins luy fu chargé et aussi il se submist servir armé de brigandines, vouge et salade. *Il en fut deschergié par le seigneur de la Cholletière.*

Raoul de Boussey, escuier, seigneur du lieu, se présenta à cheval, armé de brigandines, vouge, salade et ganteletz.

Martin Ler, seigneur d'une porcion de fief assis à Neufville, se présenta en abillement de brigandines, vouge, salade et ganteletz.

Simon le Pelletier, seigneur d'un quart de fief assis à la Perruche, se présenta habillé de salade, ganteletz et vouge ; et luy fu enjoint avoir brigandines, et faire le service oud. abillement.

Thomas de l'Estang, seigneur de Labit, se présenta abillé de corsset blanc, salade, ganteletz et vouge, ung paige en sa compaignie, montéz de deulx chevaulx.

Jehan de Pontz, seigneur du quart de fief assis à Quessiny, se présenta armé de jazeron, vouge, salade, ganteletz et gorgery.

Estienne le Jendre, seigneur d'un quart de fief assis à Batigny, se présenta à cheval, en abillement de vougier, bon et suffisant.

Jehan Hervieu, seigneur de Vieuvillers et de Gadencourt en partie, se présenta armé de brigandines, vouge, salade et ganteletz, avecques luy ung paige, monté de deulx chevaulx.

Girault de Monmiral, sergent fieffé de la Bonneville, se présenta en abillement de brigandines, salade, vouge et dague, monté à cheval.

Robin Aubery, tenant d'un huitiesme de fief assis à Ezy, nommé le fief Margot Auberye, présenta à faire le service pour luy à cause dud. fief, Henry Aubery, son filz, promectant faire le service armé de brigandines, vouge, salade et ganteletz, suffisamment monté.

Godeffroy Viel se présenta à cheval, armé de salade, vouge et dague.

Gillet des Moullins, seigneur de Fains, se présenta, et, pour son antiquité et fiesblesse, fu prins et reçeu pour lui Pierres des Moullins, son filz, armé de brigandines, vouge, salade, monté à cheval.

Le prieur d'Illou, tenant d'un fief noble à court et usage, présenta, pour et lieu de luy, à faire le service, ung homme armé de brigandines, salade, ganteletz et guizerme, monté à cheval.

Guillamme de Saint Pol, escuier, seigneur de Mézeré en partie, se présenta non habillé, disant que il avoit esté longue espasse de temps malade en dangier de mourir, et que il n'avoit pas puissance de soy armé ; mais néantmoins lui fu chargié et aussi il se submist servir comme vougier deuement abillé.

Maistre Guy Macquerer, escuier, se présenta armé de brigandines, salade, ganteletz, vouge, espée et dague.

Robin Rotru se présenta et fu reçeu pour et en lieu de Jehan Sainxe, seigneur du fief Gouffier et de Garembouville en partie, en habillement de vouge, monté et armé suffisamment.

JAVELINES.

Robert de Gaillon, escuier, seigneur de Vieulx Evreux et de Faverolles, se présenta armé de brigandines, salade, ganteletz, gorgery et javelines, ung varlet avec lui, à deulx chevaulx.

Guillamme de la Mote, seigneur d'une partie porcion de fief assis à Ferières Hault Clochier, se présenta armé de corsset, salade, javelines, à cheval.

Regault de Seugié, escuier, seigneur de deulx huitièmes de fief, l'un assis à Ferière et l'autre à Escambost, se présenta armé de brigandines, salade, ganteletz et javeline.

Nicolas Girad, seigneur de Mercbouton, se présenta

en abillement de harnoys blanc, salade et javelines.

Pierres Goret, escuier, seigneur des Plenitriaulx,
se présenta armé de corsset blanc et demye lance,
à deulx chevaulx.

Guillemin de Venoys, seigneur d'une porcion de
fief nommé le Hamel, se présenta à cheval, armé de
brigandines, salade, espée et javeline.

Jehan le Franc, escuier, seigneur de Berou, présenta pour fère le service pour luy, Lucas Langlois,
abillé de corsset, salade et javeline, monté [de] ung
cheval.

Tibault le Beuf, escuier, seigneur d'Ommoy, aagié de
LXX ans, se présenta, et, pour son antiquité et fieblesse,
fu reçeu à faire le service pour luy, Jehan le Beuf,
son filz, en abillement de brigandines, salade, javeline et dague.

Robert de Condimel, escuier, seigneur de Jarcey,
se présenta non abillé ; pour quoy lui fu enjoint
servir comme javeliner, le mieulx armé qu'il pourra.
A l'ordonnance de Salsart, comme l'en dit.

Guillamme d'Aulage, seigneur d'une partie et porcion de fief nommé la Bigotière, se présenta à
cheval, en abillement de salade, espée, dague et
corgery et javeline ; et luy fu enjoint avoir brigandines.

HOMMES D'ARMES.

Monsseigneur Jehan, sires de Montenay, chevalier,
baron de Guerencières, seigneur de Bérengeville, de
Nully en Gastinoys et vicomte de Faugernon, se

présenta en abillement de hommes d'armes, acompaignié d'un autre homme d'armes, neuf archiés et quatre vouges, dont l'un d'iceulx vougiers est Jehan Gillain; tous suffisamment montéz et arméz.

Monsseigneur Jehan le Beuf, chevalier, seigneur de la Bonneville et du Mesnil Harderé, se présenta en abillement de hommes d'armes, acompaignié de troys archiers, ung varlet et ung paige, montéz de six chevaulx.

Philipe le Veneur, escuier, seigneur du Homme et de Tillières en partie, se présenta armé de brigandines honnestes, disant que il ne pourroit porter harnoy blanc, obstant certaine maladie secrète qu'il a sur lui, et est acompaignié de deulx archiers, suffisamment montéz et arméz.

Monsseigneur Jehan Louvel, chevalier, seigneur de la Haulte Maison, Grisolles, Courlaville, le Putenaye et autres fiefs, se présenta en abillement de hommes d'armes, acompaignié de deulx archiers, ung varlet et ung paigie deuement montéz; led. chevalier disant que il estoit de l'ostel de Monsseigneur l'admiral.

Robert d'Escorchet, escuier, seigneur, au droit de sa mère, d'un fief nommé Escorchet, se présenta en abillement de hommes d'armes, à deulx chevaulx.

Guillamme de Lieurray, escuier, seigneur de Gaudreville, se présenta en abillement de homme d'armes, à troys chevaulx.

Materoi du Val Davy, seigneur de huitième de fief assis audit lieu, se présenta en abillement de homme d'armes, monté à deulx chevaulx.

Jehan du Buisson, escuier, seigneur de deulx porcions de fief nommé le Buisson et la Cousture, et de Melleville, se présenta en abillement de homme d'armes, à troys chevaulx.

Marguerin de Monnay, escuier, seigneur de Gauville, du Tenney, de la Trinité en partie, se présenta en abillement de homme d'armes, deulx archiers, ung varlet et ung paige en sa compaignie, montéz de cinq chevaulx.

Monsseigneur de Guierry, chevalier, seigneur du Boys Gencelin, de Paintienville et de la Faguetière, se présenta en abillement de homme d'armes, deulx archiers, ung varlet et ung paige en sa compaignie, montéz de cinq chevaulx.

Pierres Houvet, escuier, seigneur de Morcenq, de Sassé et de Nuys, se présenta en abillement de homme d'armes, ung archier et ung coustillier en sa compaignie, montéz de troys chevaulx.

Jehan le Mectoyer, escuier, seigneur de Guichenville et de la Haye le Conte, se présenta en habillement de homme d'armes, montéz de troys chevaulx.

Pierres des Moustiers, escuier, seigneur d'un fief assis à Berengeville, se présenta en abillement de homme d'armes, acompaignié de Jehan des Moustiers, son frère, seigneur d'une porcion de fief assis à Pacy, de la valeur de xii s. parrisis par am.

Jehan de Pilliers, escuier, seigneur de Mortelle et de la Coudrelle, se présenta en abillement de hommes d'armes, acompaignié d'un varlet, armé de brigandines, salade et javeline, et ung paige, monté de troys chevaulx.

Oudin Quéruel, escuier, seigneur de Méré et de Martin, se présenta, et, pour et en lieu de lui, considéré son ancien aage et sa febliesse, fu prins et reçeu à faire le service, Jehan Quéruel, son filz, en abillement de homme d'armes et ung varlet en sa compaignie, armé de brigandines et vouge, et ung paige, montéz de troys chevaulx.

Jehan de Sources, escuier, seigneur du Brémien, se présenta en abillement de homme d'armes, acompaignié d'un archier et ung paige, monté à troys chevaulx.

Guillot du Bois Rouvray, seigneur de Brézez en partie, en abillement de homme d'armes, à deulx chevaulx.

Robert Doublet, seigneur de troys petites porcions de fief nomméz Champigni, Beaufort et Foucranville, se présenta en abillement de homme d'armes, à deulx chevaulx.

Christofle de Bailleul, escuier, seigneur du lieu, se présenta en abillement de homme d'armes, à deulx chevaulx.

Guillamme du Bust, escuier, seigneur de Saint Germain, présenta pour et en lieu de lui Jehan du Bust, son filz, en abillement de homme d'armes, à troys chevaulx, qui fu reçeu.

Jehan Broutin, escuier, seigneur du fief Foville, se présenta en abillement de homme d'armes, à deulx chevaulx.

OFFICIERS en la dicte vicomté qui se sont présentéz.

Jehan de la Merche, eslu pour le Roy notre sire
en l'élection dudit lieu d'Evreux, se présenta en
abillement de homme d'armes, à troys chevaulx.

Michelet le Moine, semblablement eslu en ladite
élection, se présenta, et, pour et en lieu de luy à faire le
service, enctendu que il est convenient audit le Moine
faire continuelle résidence audit lieu d'Evreux, tant
pour le fait de la justice, que pour bailler les fermes et
mises d'icelle élection, fu prins et reçeu Jehan Roux-
sel, armé de brigandines, salade, ganteletz, vouge,
acompaignié d'un varlet, montéz de deulx chevaulx.

Jehan Lespicier l'aisné, procureur du Roy en ladite
élection, se présenta armé de brigandines, vouge,
ganteletz et salade, ung paige en sa compaignie,
montéz de deulx chevaulx.

Nicolas Rougeulle, receveur des aides en ladite
élection, présenta à faire le service pour et en lieu
de luy Jehan Davoust, armé de brigandines, arc et
trouse, ganteletz et salade, monté à cheval; à quoi
il fu reçeu obstant et considère la charge et entremise dudit receveur, et qu'il lui esconvient faire
continuelle résidence en ladite élection, pour faire
ladite récepte.

Jehan le Grans, contrerroulleur du guernier du seel
audit lieu d'Evreux, se présenta armé de brigandines,
harnoys de jambes et vouge.

Perrin des Ventes, mesureur dudit guernier, se

présenta à cheval, armé de corsset blanc, salade et vouge.

George Redde, revendeur de poisson audit lieu d'Evreux, se présenta armé de brigandines, salade, ganteletz et javeline.

Le verdier de Pacy, se présenta armé de brigandines, salade et vouge.

Lorens Toulle, sergent en la ville et bourgoise d'Evreux, se présenta et se submist servir le Roy, armé de brigandines, salade et vouge.

Il apparu par certificacion, en faisant lesdits monstres, comme maistre Jehan Cadou, procureur du Roy oudit bailliage, c'est présenté et monstré devant le bailli de Chartres, en faisant les monstres à son bailliage, armé de brigandines, hache, vouge et monté de deulx chevaulx, pour servir le Roy notred. seigneur, ou et ainsy qu'il plaira audit seigneur ou ses commis.

LE NOMBRE desdits nobles noblement tenans, officiers du Roy et autres de ladite viconté d'Evreux ci-dessus présentés, est tel qu'il enssuit :

Archiers, comprins ceulx qui se sont présentéz avecques les hommes d'armes,	XXIX
Arbalestiers,	II
Vouges, comprins comme dessus,	XLVI
Javelines,	XII
Hommes d'armes,	XXIII

ENSUIT les noms et sournoms de plussieurs nobles et noblement tenans en ladite viconté, demourans hors dudit bailliage, et les lieux ou l'en dit qu'il sont demourans et résidens, qu'il ne se sont comparus ausd. monstrez généralez, ne en la monstre particulière, et aussy quy n'ont encores aucun fait apparoir comme il se soient présentéz ès lieux de leur résidence. Les fiefs, terres et revenus desquelz, pour leur nom comparence, ont esté prins et mys en la main du Roy notre sire et soubz icelle seront régis et gouvernés jusques à ce qu'il ait fait apparoir comme et du lieu ou ilz se sont présentéz et monstrés.

Glaudin d'Anffreville, escuier, seigneur du lieu, demourant en la viconté du Pont de l'Arche.

Jehan Baignart, escuier, demourant en la viconté d'Auge, ou bailliage de Rouen.

Jehan du Bust, escuier, seigneur de Tournedos. Il est demourant à l'Aigle, ou duché d'Allençon.

Le sire de la Merche, seigneur de Quitebeuf. Il est demourant hors de Normendie.

Pierres Martel, seigneur de Saint Aubin de Croville en partie. Il est de la viconté du Pont de l'Arche.

Yvon de Guarencières, escuier, seigneur du Coulldray. Il est demourant ou bailliage de Gisors.

Jehan Tiboust, seigneur d'un fief assis à Bérengeville la Champaigne, demourant en la viconté du Pont de l'Arche.

La dame d'Angoulesme, dame d'Acquigny. Elle est demourante hors de Normendie.

Monsseigneur Georges de Clères, chevalier, seigneur et baron de la Croys Saint Lieffroy en partie, demourant ou bailliage de Caulx.

Monsseigneur Jehan de Rabasten, chevalier, seigneur de Caër, demourant au bailliage de Caen.

Jehan le Sauvage, escuier, seigneur de Cissay en partie, demourant ou bailliage de Gisors.

Thibault de Gouy, escuier, seigneur d'Uest, demourant à Rouen avec Monsseigneur de Narbonne.

Damoiselle Perrecte Chevestre, dame d'un quart de fief assis à Liègue. Elle est ou service de madame de Paintievre, hors de Normendie.

Guillamme le Moine, seigneur d'un fief assis à Authueil. Il est demourant à Vernon, ou bailliage de Gisors.

Pierres de Saint Pol, escuier, seigneur de l'Aleu, demourant en France.

Jehan Hébert, seigneur d'un fief assis à Reulli. Il est demourant en la viconté du Pont de l'Arche.

Guillamme le Monnyer, seigneur d'une porcion de fief assis à la Liègue. Il est demourant en ladite viconté du Pont de l'Arche.

Jehan Calenge, seigneur d'un fief assis audit lieu de la Liègue, demourant en ladite viconté.

Philippe de Cierré, escuier, seigneur de Mizéré en partie. Il est demourant en ladite viconté.

3.

Robin le Déan, escuier, seigneur de Cracouville en partie, demourant à Gisors.

Jehan Patry, escuier, seigneur du Bois Giroult. Ou bailliage de Caen.

Jehan et Nicolas diz de Missy, escuiers, seigneurs de Mouëte, demourant audit bailliage de Caen.

Louys de Morainvillier, escuier, seigneur d'Orgeville, demourant hors de Normendie.

Le seigneur de Veras et de Sassey, à Ezy, demourant hors de Normendie.

Robert de Dreux, escuier, seigneur de Nully. Il est du bailliage de Caulx.

Les enffants ou héritiers de feu Guyot de Chambray, en son vivant seigneur du Has Meulles.

Les hoirs Philipe de Groncourt, seigneurs d'une porcion de fief assis au Boesset Hennequin.

Guillamme Inbert, seigneur d'une porcion de fief assis à Douens, demourant ou bailliage de Gisors.

Dame Philipe de Thignonville, dame du Blanc Fossé. Elle est demourante en France.

Guillamme le Grant, escuier, seigneur de Saint Aubin de Croville en partie. Il est demourant en la viconté au Pont Audemer.

Charles de Morray, escuier, seigneur de Vaulx, demourant en la viconté de Paris.

AUTRES nobles et noblement tenant, et officiers du Roy en ladite viconté d'Evreux, estant en l'ordonnance et service du Roy notre sire, et par ce tenus excusez de eulx non estre présentéz ausd. monstres.

Nicolas Tamppin, escuier, cappitaine des francs archiers oudit bailliage d'Evreux, seigneur du Mesnil Péan.

Glaudre Raulet, escuier, seigneur d'Authoullet.

Guillamme d'Estançon, escuier, seigneur d'une porcion de fief assis à Autheuel.

Tibault d'Anffreville, escuier, seigneur de Bierères et du Mesnil sur Avre.

Jehan de la Pierre, escuier, seigneur de Marcouville.

Guillotin Auber, seigneur du Bois Rogier.

Pierres le Sesne, escuier, ayant le droit de la damoiselle sa mère, d'une porcion de fief assis à Menillier.

Jehan de Limoges, escuier, seigneur de Pomias et viconte d'Evreux.

Guillamme Gazeau, seigneur de Champigny.

Thomas de Cressy, escuier, seigneur de la Vallée.

Etienne Bouton, seigneur de Tizon.

Pierres de Mailloc, escuier, seigneur de Houeteville et d'Esmalleville.

Marc de Saint Amand, escuier, seigneur de Thomer.

Guillamme de la Bruyère, seigneur de Chambray. Il est ou voyage pour le Roy avecques autres à Romme.

Jehan Perret dit Plainbras, verdier d'Evreux, varlet de pié du Roy.

Macé Gouverman , verdier de
Nonnancourt.
Jehan Sifflet, chastelain dudit lieu. } Ils sont de l'arthillerie du Roy.

AUTRES nobles et noblement tenant en icelles viconté, estant pour leur minorité et soubz aage en la guarde du Roy notre dit seigneur.

Les enffans de Monsseigneur Robert d'Estouteville, chevalier, baron d'Ivry et de Saint Andrieu en la Marche.

Les enffans de feu Monsseigneur Jehan Martel , en son vivant chevalier, seigneurs de Grisoles.

Les enffans de deffunt Monsseigneur Charles de Melun, seigneur d'Aunoy, Normanville et de Landes.

Les enffans de feu Monsseigneur Jehan de Herenvillier, chevalier, seigneur d'Avrilly.

Les enffans de feu Perrot de Salvone , en son vivant seigneur de Fontaines.

Les enffans de feu Jehan Campion , seigneurs de Vironvay et Ourmes.

Les enffans soubz [aage] de feu Robin Bense, seigneurs du Buisson Guerembourt.

LA VICONTÉ D'ORBEC.

ET PREMIÈREMENT.

ARCHIERS.

Jehan de Belleaune, escuier, seigneur du lieu et de Courtonne, se présenta armé de brigandines, salade, arc et trousse , ung paige en sa compaignie, montéz de deulx chevaulx.

Jehan de la Haye, escuier, seigneur de la Pipardière , se présenta en abillement de brigandines , arc et trousse, acompaignié d'un paige , montéz à deulx chevaulx.

Jean de Neufville, escuier, seigneur d'un quart de fief des Loges , se présenta en abillement d'archier, monté et armé sufffisamment , à deulx chevaulx. .

Maistre Nicole Huet , prebtre , seigneur du fief Pothier, se présenta, [et], pour en lieu de lui fu reçeu Cardin Cailletot, en abillement d'archier , suffisamment monté et armé.

Jehan de la Lande , escuier, seigneur du lieu , se présenta en abillement d'archier , à deulx chevaulx.

Pierres des Chesnes, escuier, seigneur du lieu et de Folleval , se présenta en abillement d'archier, à deulx chevaulx.

Jehan le Lort, escuier, seigneur de la Losière, présenta pour et en lieu de lui Martin Bastard, en abillement d'archier, suffisamment monté et armé.

Maistre Guillamme Myet, prebtre, seigneur de la Halleboudière et de Beauvoir, présenta pour lui Philbert du Pont, en abillement d'archier, suffisamment armé et monté, à deulx chevaulx.

Maistre Jehan le Breton, seigneur de la Cousture, se présenta et pour et en lieu de lui fu prins et reçeu Guillamme le Breton, son filz, en abillement d'archier, suffisamment armé et monté de deulx chevaulx.

Gaultier d'Andel, seigneur de la Groudière, se présenta en abillement d'archier, monté et armé suffisamment.

Philipot Hardi, seigneur des Maignens, se présenta en abillement d'archier et suffisamment.

Maistre Bertran Gastel, escuier, seigneur de Saint Quentin, présenta Jehan Gastel, son filz, armé de brigandines, arc et trousse.

Jehan Filleville dit Fazel, seigneur de Lomprey et de Grèz, se présenta en abillement d'archier, à deulx chevaulx.

Jehan Duval, seigneur en partie du Hosquencey, se présenta en abillement d'archier, à deulx chevaulx.

Richart Lemire, seigneur du fief du Chastel, du Pin et autres fief, se présenta en abillement d'archier, à deulx chevaulx.

Guillamme Mancel, seigneur de Talarde, se présenta armé de brigandines, arc et trousse, suffisamment monté.

Vincent Auber, seigneur du fief Liégard assis à Courthonne, en abillement d'archier, suffisamment monté et armé.

Nicolas le Bote, seigneur des fief de Friardel, du Hamel et de Saint Germain, présenta Jehan Bote, son filz, armé de brigandines, salade, arc et trousse, à deulx chevaulx.

Estienne Vaucquelin, seigneur de la Vauquelinière, se présenta en abillement d'archier, suffisamment monté et armé, à ij chevaulx.

Benest Houssaye, se présenta, et fu reçeu pour lui Jehan Eschaillart, seigneur du Mesnil Haquelle, en abillement d'archier bon et suffisant.

Jehan le Coq, se présenta, et fu reçeu pour et en lieu de lui, de Guion le Coq, son frère, tenant de la vavassourerie de Briosne, en abillement d'archier, suffisamment monté et armé.

Robin le Roux, filz de Rogier le Roux, seigneur de Biron, se présenta armé de brigandines, salade et arbalestre.

Guillamme Fortin, seigneur de Saint Germain assis à Marolles, se présenta en abillement d'archier, à deulx chevaulx.

Philippe de Bellemare, se présenta, et fu reçeu pour lui Jehan de Bellemare, son frère, seigneur d'un huitième de fief assis à Esparfontaines et de la sergenterie de Moiaulx, en abillement d'archier, à deulx chevaulx.

Guillamme Forary, fréquentant les guerres, se présenta en abillement d'archier, monté et armé suffisamment.

Pierres de la Mare, aussy fréquentant, se présenta en abillement d'archier, en semblabe abillement.

Jehan Adine, qui a pareillement fréquenté, en pareil abillement.

Jehan de Vire, fréquentant les armes, en semblabe abillement.

Jehan Londes, pour le fief Baudet, présenta pour et en lieu de lui Georget Boisel, en abillement d'archier, à deulx chevaulx ; à quoy il fu reçeu.

Jehan de Saint Lourens, seigneur du lieu, se présenta en semblabe abillement, à ij chevaulx.

VOUGIERS.

Guéroudin de Franqueville, escuier, seigneur de Besnoeray et Colladon, au droit de ses enffans, se présenta monté à cheval, armé de brigandines, vouge, salade et ganteletz.

Guillemin le Monnyer, seigneur du fief au Viconte, se présenta vougier, suffisamment monté et armé.

Jehan le Monnier, seigneur de Monnay, vougier, duement monté et armé.

Martin le Brun, seigneur du fief à l'Esprévier, se présenta vougier, en brigandines, deuement monté et armé.

Jehan Amiot, escuier, seigneur de l'Ortre en partie, présenta pour et en lieu de lui Guillamme Amiot, son filz, armé de brigandines, salade et vouge.

Richart de Quierville, escuier, seigneur du Couldray assis à Presterville, en abillement de vougier, à deulx chevaulx.

Gieffroy Loys, se présenta, et fu reçeu pour sa mère, veufve de feu Jehan Loys, dame de la Suffardière ; et estoit en abillement de brigandines , salade et vouge , à cheval.

Maistre Jehan Piel , prebtre, seigneur de Neufville , présenta pour lui Robert Piel, son frère, en abillement de vougier, deuement armé, et monté de ij chevaulx.

Ancel de Neufville , seigneur de Coursson , en abillement de vougier, deuement monté et armé.

Pierres Lachaise , escuier , tenant du fief Vallée , se présenta armé de brigandines , salade et vouge, ung paige en sa compaignie, montéz de deulx chevaulx.

Jehan Cuillier, tenant de partie du fief de Chieffreville, de l'Ortre et du Parc, présenta Gieffroy Cuillier, son fils, armé de brigandines, vougier, à deulx chevaulx ; à quoy il fu reçeu.

Guillamme Michel, escuier, seigneur d'une porcion du fief de Bellou, se présenta vougier, deuement armé et monté.

Marc de la Roche , seigneur du fief nommé Montfort, présenta Jehan de la Roche , son filz , armé de brigandines , salade et vouge, monté de deulx [chevaulx].

Jehan le Tort , escuier, seigneur de Samilly et de Livet , se présenta vougier , deuement monté et armé.

Tibault Poullain , se présenta en abillement de vougier, deuement monté et armé.

Cosme le Scec, escuier, seigneur de la Cressonnière, se présenta armé de brigandines, salade et vouge, acompaignié d'un autre homme en semblabe abillement, montés de troys chevaulx.

Robert d'Orléans, seigneur de Robart, se présenta Philipot le Seigneur armé de brigandines, vouge, salade et ganteletz, et à cheval, qui fu reçeu pour ledit d'Orléans, obstant ce qu'il a perdu ung oeil.

Jehan Chanu, seigneur de la Pommeraye, se présenta en abillement de vougier, suffisamment monté et armé.

Maistre Jaques le Corp, escuier, seigneur de Lisores, se présenta oudit abillement de vougier, deuement abillé, monté et armé.

Guillamme Berthelot, escuier, seigneur du Bois Brulley, présenta pour lui Raoullin Berthelot, son filz, armé de brigandines, salade et vouge.

Jehan Anquetin, escuier, seigneur .... se présenta vougier, à deulx chevaulx.

Richart Ruffault, seigneur de Chaumont et du Buisson, présenta et fu reçeu pour lui Jehan Boquet, suffisamment monté et armé.

Jehan le Roy, escuier, seigneur du Bois et de la Rivière, présenta pour et en lieu de lui Pierres Pont et Jehan Calf, armés de brigandines, salades et vouges, montés de deulx chevaulx.

Jehan de Bonneville, seigneur du lieu, se présenta en abillement de vougier, deuement armé et monté.

Henri de Morteaux, vougier, deuement monté et armé.

Robert Vallée se présenta et fu reçeu pour Jehan

Vallée de Saint Lorens, son père, en abillement de vougier, monté et armé suffisamment.

Jehan Calf, se présenta en abillement de vougier bon et suffisant.

Pierre Vinçant, tenant de partie de la vavassourerie de la Truesie, se présenta à cheval, en abillement de vougier, suffisamment monté et armé.

Guillamme Boucher, seigneur de la Roche, se présenta en abillement de vougier, armé et monté suffisamment.

Jehan du Boullonnay, seigneur du lieu, se présenta en abillement de vougier, monté et armé suffisamment

Michel du Val Poutrel, se présenta oud. abillement de vougier, suffisamment monté et armé.

Richart Tourneton, tenant d'une porcion de la Sougée, se présenta en abillement de brigandines, sallade et vouge, monté à cheval.

Jehan Henalt, seigneur du fief de Lignières, se présenta oudit abillement de vougier.

Jehan le Bouthillier, tenant d'une branche du fief de Neufville, se présenta abillé d'un jaques garny d'ung jazeron, salade et vouge.

Jehan Brohart, escuier, seigneur de Neufville, se présenta à deulx chevaulx, brigandines, vouge.

Jehan Duval, seigneur en partie du Boquencey, se présenta oudit abillement de vougier, a deulx chevaulx. *Il est archier et pour ce cy néant*

Guillamme de Rouveray, seigneur du lieu, se présenta abillé de vouge, salade et brigandines, et à cheval.

Colin Dauten, seigneur du Bois de la Vallée, se présenta armé de brigandines, vouge, salade, monté à cheval.

Guillamme d'Aurreville, personne noble, se présenta vougier, suffisamment monté et armé.

Jehan Duclos, pour une partie vavassourerie tenue de Jehan Silleville, escuier, seigneur de Lomprey, se présenta armé de brigandines, salade et vouge, à cheval.

Thomas le Charpentier, tenant, à cause de sa femme, de la sergenterie du plat de l'espée de Bernay et d'une vavassourerie assise à Blangy, présenta pour lui Colin Rosey, en abillement de vougier, monté et armé suffisamment.

Philipot Douillée, escuier, seigneur de Resencourt, se présenta armé de brigandines, salade et vouge monté de deulx chevaulx.

Maistre Jaques Flambart, seigneur du tiers d'une porcion de fief nommé Courselles, se présenta à cheval, en brigandines, vouge et salade.

Jaques Coquenbouc, escuier, seigneur de Courselles et de Tourville en partie, présenta, pour son antiquité et fieblesse, Guieffroy Tourlon et Robin Poillevillain, armés de brigandines, salades, ganteletz et vouges, montéz de deulx chevaulx; à quoy il fu reçeu pour la cause dessusd.

Anthoine Neel, seigneur de Plainville, présenta Guillamme Neel, son filz, vougier, à deulx chevaulx.

Jehan Ravel, seigneur du fief du Tilleul Folenffanlt, se présenta en abillement de brigandines, vouge, à deulx chevaulx.

Jehan du Bosc Henri, escuier, seigneur du lieu, se présenta en semblabe abillement de vougier.

Martin le Varlet, seigneur du fief Gastinel, oud. abillement de vougier.

Jehan de Bellemare, escuier, seigneur de la Quèze, se présenta en pareil abillement.

Guillamme Cappelet, escuier, seigneur de Saint Lourens et du Petit Mesnil, se présenta armé de brigandines, salade et vouge, suffisamment monté.

Guillamme de la Fosse, personne noble, en semblabe abillement que dessus.

Robert de Loye, escuier, se présenta pour et à cause d'une porcion de LX l. de rente qui tient, et à cause de sa femme, en la baronnye de Blangy, se présenta en brigandines, vougier, à deux chevaulx.

Pierre Parey, seigneur du fief de Combray, présenta pour lui et en son non Denys Fuzée, en abillement de vougier, armé et monté suffisamment.

Jehan de Brefvdent, seigneur du lieu et du fief du Sauq, en semblabe abillement de vougier, à deulx chevaulx.

Jehan Cadevalestre, pour la fiefferme d'Asnières et Livet, se présenta vougier, suffisamment monté et armé.

Perrin des Haies, pour la vavassourerie dudit

assise au Pin, se présenta armé de brigandines , salade et vouge.

Brunet de Long Champ, seigneur du fief de Fumechon , se présenta en semblabe abillement , monté de deulx chevaulx.

Michel de Rouyl, seigneur du fief Barate , présenta pour lui Perrin Hamel, en abillement de brigandines, salade et vouge , monté à cheval ; à quoy il fut reçeu.

Godeffroy de Bienfaicte , pour le fief de la Lande , se présenta armé de brigandines, vouge, suffisamment monté.

Jehan Auber, tenant du Roy notre sire une vavassourerie nommée la vavassourerie Saint Mathias , se présenta oud. abillement de vougier, monté et armé suffisamment.

Guillamme de Bigart se présenta et fu reçeu pour et en lieu de Philipot de Bigart, son père , tenant d'un demy fief assis à Piencourt, et de partie du fief de la Fouadelière ; et estoit armé de brigandines, salade et vouge , ung paige en sa compaignie, montéz de deulx chevaulx.

Richard Baudry, escuier, seigneur de la Bloterie , présenta pour lui à faire le service Jehan Baudry, son filz, armé de brigandines , salade et vouge, suffisamment monté.

Guillamme Toustain , seigneur du fief de Millouel , se présenta en brigandines, vougier, à ij chevaulx.

Jehan le Roy, seigneur de Gangny, se présenta à ij chevaulx , en semblabe abillement.

Messire Raol de Gouvis, prebtre, seigneur de Chantelou, présenta pour et en lieu de lui Jehan Mallet, brigandines et vouge, ung paige en sa compaignie, monté de deulx chevaulx.

Denis de la Bouque, personne noble, se présenta brigandines, vougier, suffisamment monté.

Regnault le Mire, personne noble; se présenta à faire le service pour lui Nicolas le Perchey, qui fu reçeu armé de brigandines, salade, vouge et à deulx chevaulx.

Guillamme Basin, personne noble, se présenta en abillement de vougier, monté et armé suffisamment.

Robin Mondière, sergent du Sap, présenta pour lui Perrin Lourens, brigandiner, vougier et à cheval.

Richart de Martainville, escuier, seigneur du Bosc Roul, se présenta à deulx chevaulx, armé de brigandines, vouge et salade.

Richart de la Houssaie, seigneur du Plesseis, se présenta à deulx chevaulx, brigandines et vougier.

Benest le Charpentier, seigneur du fief de Noireval assis à Blangy, se présenta en pareil abillement.

Jehan le Mire, pour le fief du Bosc, assis au Pontaudemer, se présenta en brigandines, vougier, suffisamment monté.

Guillot Coureuil, tenant de la vavassourerie qui fu Guillamme le Gras, assis a Boquencé, se présenta vougier, monté et armé suffisamment.

Robin Toustain, tenant de la vavassourerie Poullain , assise au Befnerey, se présenta en abillement , monté et armé comme dessus.

Henri Mareschal, tenant d'une vavassourerie assise à Saint Vinçent, se présenta vougier, en brigandines et salade.

Estienne Guillamme le Roy, se présenta armé de brigandines , salade et vouge.

Estienne de Blouquetot, se présenta en abillement de vougier, monté et armé suffisamment.

Guillaume Villecte , se présenta en semblabe abillement.

Colin Sauvalle, se présenta et fu reçeu pour lui et Jehan Pigis , tenans ensemble de la fiefferme de Saint Ouen le Hoult, en abillement de vougier, suffisamment monté et armé.

Raoulin Couesnon et Jehan Chagrin , tenant de la vavassourerie de Lahier, au droit de lour femmes , se présentoient disant que par chacun an ilz paient plus de xxx l. de taille au Roy notre sire et que la revenue de leur fief ou tennement ne pouvoit pas fournir à eulx abiller; mais néantmoins leur fut chargié faire le service par eulx , au mains par l'un d'eulx , en bon abillement de vougier, suffisamment monté et armé.

Perrin du Quesney et Guillamme Boutery, tenant de la vavassourerie Ferrant , se présentèrent non abillez , et leur fut faicte pareille injonction que ausd. Couesnon et Chagrin.

Simonnet de la Haie , bastart, par aucun temps passé suyvant les armes, se présenta en abillement de brigandines , salade et vouge.

Jehan du Vieu, seigneur du La Cauvinière et des Castelas, se présenta en abillement de brigandines, vougier.

Robin d'Andel, escuier, se présenta vougier, à deulx chevaulx.

JAVELINES ET DEMYES LANCES.

Thoumassin Eustasse, seigneur en usuffruit du fief de la Mocte et d'Orbec, se présenta armé de trois quartz de curasse, salade et demye lance, ung paige en sa compaignie, montéz de deulx chevaulx.

Guillamme Quesnel, escuier, seigneur d'un quart du fief nommé le fief de Poix, se présenta armé d'un corsset et d'une lance, à deulx chevaulx.

Gervais Fourmentin, pour ung quart de fief à Bellou, se présenta armé de corsset blanc et demye lance; avesques lui ung paige, suffisamment montéz et abillez.

Cardin le Forestier, tenant d'une porcion de fief nommé le fief du Quesney, se présenta armé de brigandines, salade, ganteletz et javeline.

Pierre la Perque, seigneur des Esteux, se présenta en semblabe abillement que dessus.

Richart de Saane, escuier, seigneur tenant d'une porcion du fief de Tenencourt, se présenta oud. abillement de javelines, monté et armé suffisamment.

Robert de la Boullaye, escuier, seigneur du lieu, se présenta armé de corsset blanc, salade, ganteletz et demye lance, acompaignié d'un varlet, montéz de deulx chevaulx.

Macé de la Haye, escuier, tenant en usuffruit des fiefz de la Fontaine des Champs et Montfort, se présenta en corsset blanc, à deulx chevaulx.

Jehan de la Coudraille, tenant d'une porcion de fief assis à Saint Martin le Viel, se présenta à cheval, armé de brigandines, salade et javeline.

Jehan Dumaine, seigneur du Mesnil Germain, présenta à faire le service pour et en lieu de lui Jehan le Grant, armé de trois quartz de curasse, salade et demye lance, ung paige avec lui, montéz à deulx chevaulx.

Allain de Bavery, pour le fief d'Asnières, se présenta armé de corsset blanc, salade, ganteletz, javelines, monté d'un cheval.

HOMMES D'ARMES.

Monsseigneur Jehan, sires et baron de Ferières, chevalier, se présenta en abillement de hommes d'armes, acompaignié d'un autre homme d'arme et de six archiers et deulx paiges, montéz de dix chevaulx.

Monsseigneur Guillamme de Trousseauville, chevalier, seigneur du Mesnil Guillamme, Guiverville et Morainville, se présenta en abillement de hommes d'armes, lance fournie, et deulx archiers, le tout à six chevaulx.

Thoumas Ruffault, escuier, se présenta et fu reçeu pour et ou non de Monsseigneur Jehan de Mailloc, chevalier, seigneur du lieu de Courbespine et de Chamitout, homme fort ancien et débille des ses menbres ; et estoit armé et abillié en homme d'armes, acompaignié de deulx archiers, ung coustiller et ung paige, montéz de cinq chevaulx.

Monsseigneur Nicolas Gosset, chevalier, et Jehan Gosset, escuier, son frère, demourans ensemble en communité des biens, seigneurs des fiefz des Mortieltz, de la Tillaye, de la Garde et autres fiefz, se présenterent, et, pour faire le service pour eulx deulx, fu prins et reçeu ledit Jehan Gosset, en abillement de homme d'armes, acompaignié de deulx archiers, ung coustiller et paige, suffisamment montéz et armés.

Denis d'Orbec, escuier, seigneur du Prey, se présenta et fu reçeu tant pour lui, Jehan d'Orbec, son père, homme fieble et ancien, que pour Pierres d'Orbec, son frère, en abillement de homme d'armes, ung archier en sa compaignie, ung gros varlet et ung paige, suffisamment montéz et armés.

Guillamme Fouquet, escuier, seigneur de la Vespière, de la sergenterie de Chambroys et autres terres, se présenta en abillement de homme d'armes, acompaignié d'un vougier, ung coustillier et ung paige, montéz et armés suffisamment.

Jehan de Mailloc, escuier, seigneur de la Goue, présenta, pour son anctiquité et fiesblesse, à faire le service pour lui, Guillamme de Mailloc, son filz, en abillement de homme d'armes, ung gros varlet armé de brigandines, et ung paige en sa compaignie, montéz de troys chevaulx ; à quoy il fu reçeu.

Jehan des Planches, escuier, seigneur d'une porcion de Tenney et Saint Ligier le Bordel, se présenta en abillement de homme d'armes, ung archier avecques lui, suffisamment arméz et montéz à iiij chevaulx.

Audon de Saint Ouen, escuier, seigneur de Cordouet, se présenta oud. abillement d'omme d'armes, ung archier et ung paige avecques lui, montéz et armés suffisamment.

Raoul Anffray, escuier, seigneur de Caudemonne et du Vergier, se présenta en abillement de hommes d'armes, à troys chevaulx.

Henri de Quierville, seigneur du lieu, en abillement d'omme d'armes, à deulx chevaulx.

Jehan du Rouyl, escuier, seigneur du lieu, de Granval, de Freney et de Rétailles, présenta pour faire pour lui le service Jaques du Rouyl, son filz, en abillement de homme d'armes, à troys chevaulx.

Robert de Lyée, escuier, seigneur du lieu, de la Fosse et de la Rue, se présenta en pareil abillement de homme d'armes, à troys chevaulx.

Robert de Cintray, escuier, seigneur de Friardel et de Bellouet, se présenta homme d'armes, à troys chevaulx.

Damp Jehan Hamel, pour lui et procureur des autres religieux, abbé et couvent de Saint Vandrille, se présenta disant que Monsseigneur Jehan de Bouquetot, chevalier, seigneur du Brueil, estoit subgiet et les acquiter du service en quoy ils estoient subgiets; et pour ce que ledit chevalier n'estoit présent, icelui procureur présenta, pour faire ledit service, Pierres Salmon, en abillement de homme d'armes, acompaignié de deulx brigandiniers, vougiers et ung varllet, à quatre chevaulx ; protestant icelui procureur oudit nom, avoir recompense sur ledit chevallier.

Jehan de Hautemer, escuier, seigneur de Farvacques, se présenta en abillement de homme d'armes à quatre chevaulx, acompaignié d'un homme vougier suffisamment armé.

Greffin Lemuet, escuier, seigneur de Forges en partie, de Carezis et du Buisson, se présenta en abillement de hommes d'armes, deulx vougiers en brigandines.

Jehan de Bienfaicte, escuier, le jeune, seigneur du fief de Cleppin, la Court et Moyaulx, se présenta en abillement de homme d'armes, à iij chevaulx.

Jehan Vippart, escuier, seigneur et tenant des fiefz des Places, de Bosc Drouet et d'Abbeville, présenta pour et lieu de lui Jehan Vippart, son filz, en abillement de homme d'armes, acompaignié de deulx brigandiniers vougiers et ung paige, suffisamment montéz et arméz.

Hue d'Auge, seigneur du Mesnil au Viconte, se présenta en abillement de homme d'armes, à troys chevaulx.

Jaquet Labbé, seigneur de Saint......., de Livet, Lombellon et Bouessy, se présenta en abillement de homme d'armes, lance fournie, deulx archiers et cinq chevaulx.

Jehan de Berville, escuier, seigneur du lieu et de la Forestière, se présenta en abillement de homme d'armes, acompaignié de Rogier le Sayneur, brigandinier vougier, qui se présenta avecques lui ; de deulx aultres vougiers , ung coustillier et ung paige, montéz et arméz suffisamment.

Pierres le Doyen, escuier, seigneur du Couldray le Ramier et de Morcenq , se présenta en abillement de homme d'armes.

Ollivier de Clinchamp, seigneur de Cauthecoste, se présenta oudit abillement de homme d'armes , à iiij chevaulx et ung brigandinier vougier avecques lui.

Jullien Mallet , tenant en partie des fiefz de la Rivière , Cauverville , Cieffreville et de Neufville , se présenta en abillement de homme d'armes, à iij chevaulx.

Guillamme du Mesnil, escuier, seigneur et tenant de l'autre partie desdiz fiefs de la Rivière , Cauverville , Cieffreville et de Neufville , se présenta en abillement de homme d'armes , à iij chevaulx.

Auber Amiot, escuier, sergent fieffé de la sergenterie d'Orbec, se présenta audit abillement de homme d'armes , à troys chevaulx.

Richart Michel , escuier, seigneur de Bonnebors , présenta , pour son antiquicte et fieblesse , Jehan Michel, son filz, qui fu reçeu en abillement de homme d'armes, ung vougier avec lui et à iiij chevaulx.

Mahieu de Bailleul , escuier, filz de Gieffroy de Bailleul, seigneur du lieu de Piencourt et Canthelou, se présenta et fu reçeu pour son père , en abillement de homme d'armes, ung vougier, ung coustoullier et ung paige en sa compaignie, suffisamment montéz et arméz.

Bertran de la Haye, escuier, seigneur de Bonneval

et d'Avernes en partie, se présenta en abillement de homme d'armes, acompaignié d'un archier, ung gros varlet et ung paige, montéz à iiij chevaulx.

Robin Hellot, seigneur d'un fief assis au Tilleul, se présenta oudit abillement de homme d'armes, à trois chevaulx. *A Monseigneur de Guyenne.*

Jaques de Ruppierre, tant pour lui que pour les enffans de deffunt Guillamme de Mainbeville, se présenta pour et en l'aquit des relligieux, abbé et couvent de Saint Evroud, seigneurs et barons du lieu et des fiefz de Jouveaulx; et estoit en abillement de homme d'armes, à troys chevaulx, sans archiers; et pour ce que ledit Jaques de Ruppierre, en son nom privé, disoit estre seigneur et tenant des fiefz d'Ouillet, la Viconté, Courtonne, Mardilli et autres terres, présenta pour et en lieu de lui à faire le service que il est tenu faire au Roy notre seigneur, à cause de sesd. fiefz et seigneuries, Raullin Honoré, Jehan Duval et Thomas Rangier, en abillement d'archier, montéz et armés suffisamment; à quoy il fu reçeu, obstant et considéré ce que dessus est dit.

Jehan de Chaulieu, escuier, seigneur de Samelle, se présenta en abillement de homme d'armes, à iij chevaulx.

OFFICIERS DU ROY EN LAD. VICONTÉ D'ORBEC.

Jehan Baudouin, escuier, viconte dudit lieu d'Orbec, se présenta armé de brigandines, harnoys de jambes, salade et vouge, acompaignié de Jehan Baudouin, escuier, son filz, estant en abillement d'archier bon et suffisant, ung varlet et ung paige, montéz à iiij chevaulx.

Hugues Debetz, gernetier du garnier au seel à Bernay, se présenta non abillié, mais se submist servir le Roy, armé de brigandines, salade, ganteletz et vouge, lui ij⁰ cheval.

Richart Boullenc, receveur des aides et tailles en l'eslection de Lisieux, se présenta armé de brigandi-nes, salades, ganteletz et vouge, ung varlet en sa compaignie, montéz de deulx chevaulx.

Lorens Dudouet, greffier en l'eslection dud. lieu de Lisieux, se présenta à cheval, armé de brigandi-nes, salade et vouge.

LE NOMBRE desd. nobles noblement tenans, officiers du Roy. et autres de lad. viconté d'Orbec, ci-dessus présentés, est tel qu'il enssuit:

Archiers,	XL
Vougiers,	CVI
Demies lances et javelines,	XI
Hommes d'armes,	XXXIIII

CI APPRÈS ENSSUIT les noms de plusieurs nobles et noblement tenans en lad. viconté d'Orbec, et les lieux ou l'en dit qu'ils sont demourans et résidens, hors dud. bailliage, lesquieulz ne se sont présentés ausd. monstres; par quoy les fiefz et terres et reve-nues qu'il ont en icelle viconté ont esté prins et mis en la main du Roy notre seigneur, soubz laquelle ilz seront regis et couvergnez jusques a ce qu'il aient fait apparoir comme et du lieu ou ilz se sont présentés.

Damoiselle Marie de Bigars, pour le fief de Saint Martin du Val d'Orbec.

Damoiselle Jehanne de Plainville, pour le fief de la Rivière.

Les hoirs Guillamme de Grantval, pour ung fief assis au Mesnil Germain.

Jehan des Haies, pour le fief d'Ouillet, demourant en Caulx.

Robin de Landes, seigneur du Hamel Gossart, assis à Meulles, de la vavassourerie de Martainville.

Raoul Lemectoier, pour un fief nommé Tenney, assis au Mesnil Germain.

La dame de Bougny, dame de la Folletière, demourant hors de Normendie.

Guillamme de Beufville, pour le fief de Bonneval, demourant en Auge.

Jehan le Boauvoisien, seigneur des Buissons, de Vaupreuil, demourant à Alençon.

Henri Leblonq, seigneur de la Menoudière, demourant ou bailliage d'Allençon.

Guiot du Boullongne, seigneur d'Orgières en partie, demourant oud. bailliage.

Cardot Descambosc, seigneur du Bosc Rogier, demourant oud. bailliage d'Allençon.

Guillamme des Haies, pour le fief de Lingnières, demourant oud. bailliage.

Denis Hulebert, pour le fief du Blanc Buisson, demourant oud. bailliage.

Jaquet Legras, pour le fief de Veaux, demourant hors de Normendie, à Genève.

Jehan Farssi, escuier, seigneur de la Capperon-nyère, demourant ou bailliage de Rouen.

Jehan du Mont Goubert, pour le fief de Ferières, assis à Neufville.

Adam Pouchin, pour ung fief assis à Espines.

Guy de la Villecte, seigneur du Coudray, demourant à Caen.

Robert Campion, escuier, pour le fief de Fontaines, Morcenq, Carrezis et Bouessi, demourant ou bailliage de Rouen.

Maistre Robert de Cierré, seigneur de Berthouville en partie.

Le tenant du fief qui fu à l'ermicte de Plasnes, demourant à Rouen.

Robert de la Ferrière, escuier, seigneur, à cause de sa femme, des fiefz de Rougecourt, Neufville, la Saussaie et Blangy, demourant à Allençon.

Fleuri Mont d'Aures, pour un fiefz à Duranville.

Richart Legras, pour le fief de Rozay, demourant à Rouen.

Jehan le Tourneur, pour ung fiefz assis à Bouessy, demourant ou bailliage de Rouen.

Monsseigneur Jehan de Mauny, chevalier, seigneur de Blangy, demourant hors Normendie. Il est depuis apparu par certifficacion comme il est présenté à Avrences.

Richart Nollent, pour le fief du Ravenot et du Guerié.

Missire Martin de Mallou, prebtre, pour le fief de Mallou, demourant ou bailliage de Rouen.

Germain Chappelle, seigneur de Touailley.

Jehan le Gris, escuier, seigneur de Fontaines, demourant ou bailliage d'Allençon.

Guillaume de Bertheville, seigneur de Beufvillier, demourant ou bailliage de Rouen.

Monsseigneur Richart Malortu, chevalier, détenu prissonnier en Englesterre, seigneur d'un fief assis à Bresvedent, ung autre à Fontaines et du fief d Breul.

Monsseigneur Jehan de Manneville, chevalier, seigneur et baron d'Ouillye, d'un fief assis à Llieuray, nommé Tillières.

Robert Pougnant, seigneur de Hermienval, demourant à Rouen.

Robert Deschamps, pour le fief du Vauhibert, demourant au bailliage de Rouen.

Les hoirs Monsseigneur Jehan Louvel, pour le fief du Mesnil au Viconte.

Ollivier de Betheville, pour un fief assis à Veuf-villier, demourant ou bailliage de Rouen.

Jehan de Saint Germain, pour le fief des Essars, demourant ou bailliage de Caen.

Guillamme le Gouans, pour son fief assis à Cour-tonne, demourant ou bailliage de Rouen.

Jehan Baignart, pour le fief de la Chappelle Bayvel, demourant oud. bailliage de Rouen.

Jehan Dassi, pour ung autre fieu assis aud. lieu, demourant oud. bailliage.

Gilles de la Haye, pour la fiefferme de Folleville, demourant oud. bailliage de Rouen.

La dame Dauvilliers, pour un fief assis à Saint Aubin de Sellon, demourant ou bailliage de Rouen.

Jehan de Long Annoy, pour le fief de Franqueville.

Monsseigneur Jehan de Trousseauville, chevalier, pour le fief du Bosc, assis à Esperville.

AUTRES NOBLES noblement tenans et officiers du Roy notre sire en ladicte viconté d'Orbec, estant en l'ordonnance et service du Roy notred. seigneur.

Monsseigneur d'Esthouteville, baron de Gacey.

Pierres de Saint Aubin, pour le fief de Préaulx.

Guieffin de Fournieaulx, escuier, seigneur de Becquet.

Jehan et Loys dit Osmonlt, frères, seigneurs de Beufvilliers et de Millouet.

Jehan Danezy, seigneur des fiefz Tillars, du Moustier, de Crulley la Table et Asnières, assis au Pin.

Richart le Portier, seigneur du Chesney et du Val.

Jehan Fatmant, verdier d'Orbec et des Moustiers Hubert.

Nicolas Furet, contreroulleur du guernier à seel à Bernay.

Monsseigneur Philippe de Clinchamp, chevalier, cappitaine et eslu de Lisieux.

Le Cadet, esleu aud. lieu.

Le guernetier du guernier à seel à Lisieux.

Le Grant Henri, contreroulleur dud. guernier.

AUTRES NOBLES et noblement tenans du Roy nostre dit seigneur en la viconté d'Orbec, estant, pour leur minorité et soubz aage, en la garde du Roy nostre dit seigneur.

Guillamme de Mailloc, soubz aage, seigneur de la Mollandière.

Les enfants soubz aage de feu Richart de Bresvedent.

Les enffans soubz aage de feu Loys de Cornailles.

Les enffans soubz aage de feu maistre Lorens de la Haye, en son vivant chevalier.

LA VICONTÉ DE CONCHES ET DE BRETHUEIL.

ET PREMIÈREMENT:

ARCHIERS.

Guieffroy Berthelot se présenta pour et lieu de sa mère, femme veufve, à laquelle appartient le fief de la Sufflecture, en abillement de brigandines, salade, espée, arc et trousse, monté d'un cheval.

Jehan Lecornu, seigneur du Buisson, se présenta armé de brigandines, arc, trousse, salade et dacgue, monté sur ung cheval.

Richart Gensson, se présenta et fu reçeu pour les enffans soubz aage de deffunt Michel Cuillier, seigneur du Mesnil, et estoit ledit Gensson armé de brigandines, arc et trousse, salade, espée et dacgue, monté d'un cheval.

Georges Theur, se présenta pour lui et en nom de Jehan Desclez, escuier, seigneur du Clos Morin, qui fu reçeu, actendu la maladie continuelle dudit Desclez et son aage, qui est de iiij^{xx} xv ans, et estoit ledit Georges abillié de brigandines, salade, arc et trousse.

Guillamme de Conches, seigneur du fief du Bois, et acoutumé suyvre et fréquenter les guerres, se présenta à cheval, armé de brigandines, salade, arc et trousse.

Jehan de la Boullaye, escuier, aagié de lxx ans et plus, seigneur du Gérié; messire Guillamme présenta pour faire pour lui le service au Roy notred. seigneur Guillamme de la Boullaye, son filz, armé de brigandines, arc, trousse, monté de deulx chevaulx.

Raullin Vassal, se présenta pour ce que il avoit par aucun temps passé suyvy et fréquenté les armes, disant qu'il servira le Roy en abillement d'archier, armé de brigandines et à cheval.

Jehan Vauquelin, se présenta, et fu reçeu pour les religieulx de Saint Anthoine de Rouen, seigneurs du fief d'Iville, en abillement de brigandines, salade, arc et trousse, espée et dacgue, monté à cheval.

Robin Lacère, par aucun temps passé suyvant la gueure, se présenta à cheval, armé de salade, espée et dacgue, arc et trousse.

VOUGIERS.

Jamet Nicolle se présenta pour et en lieu de lui, de Jehanne Morelle, sa mère, pour le fief du Plesseis, en abillement de brigandines, salade et vouge, monté sur ung cheval.

Guillot Harel, seigneur du fief de Maupertuis, se présenta à cheval, armé de brigandines, salade, vouge et espée.

Jehan Pellerin, escuier, seigneur du Bois Anzeré, se présenta en abillement de brigandines, salade, espée et vouge, ung paige en sa compaignie, montéz de deulx chevaulx.

Jehan Maurrey, escuier, seigneur de Saint Jehan, se présenta armé de brigandines, vouge et salade, monté d'un cheval.

Guillamme Bertran, escuier, seigneur de Sarnières,

se présenta abillé de brigandines, vouge et salade.

Jehan le Pellestier, seigneur d'une porcion de fief assis aud. lieu de Sernières, se présenta à cheval, armé de brigandines, vouge et salade.

Raoullin le Brun, seigneur du fief de la Danière, se présenta en abillement de brigandines, vouge, salade et espée, monté d'un cheval.

Jehan de Montfort, se présenta pour et en lieu de Simon de Chambray, escuier, seigneur de Limeux, en abillement de brigandines, vouge, salade, dacgue, espée, ung paige en sa compaignie, montéz de deulx chevaulx; à quoy il fu reçeu, obstant l'ancien aage, debillité de menbres et continuelle maladie dud. de Chambray.

Jaquin Blandot, sergent fieffé de la sergenterie de Lire, se présenta en abillement de brigandines, vouge, salade et espée, monté sur ung cheval.

Jehan Rebours se présenta armé de corsset blanc, salade, vouge et espée, ung paige en sa compaignie, montéz de deulx chevaulx.

Jehan de la Hayecte, escuier, seigneur du Chesne, se présenta armé de brigandines, vouge, salade, dacgue et espée, ung paige en sa compaignie, montéz de deulx chevaulx.

Maistre Jehan des Boulletz, seigneur du fief à la Rousse, en abillement de birgandines, vouge, salade, dague et espée.

Henri de Chavigny, escuier, seigneur de Losmes, se présenta armé de curasse, sans harnoys de jambes, garny de vouge, salade, ganteletz, espée et dague, monté à cheval.

Pierres de la Plesse, escuier, seigneur de Ron-
cenay et de Houssemaingne, se présenta armé de
brigandines.

Jehan de Chamberé, seigneur du fief des Houlles,
en abillement de brigandines, vouge, salade, espée
et dague, monté à cheval.

Estienne de Chamberé dit Blandé, seigneur du
Cormier, armé en abillement de brigandines, vouge,
salade et espée, monté d'un chéval.

Oudart de Beaunes, seigneur du lieu, se présenta
armé de brigandines, vouge, salade et espée, monté
sur ung cheval.

Jehan le Mectoier, seigneur du Moult Larron, se
présenta en abillement de brigandines, vouge, salade
et espée, monté d'un chéval.

Jehan Taillement, seigneur de Marcilli la Champaigne, se présenta non abillié, réquérant, actendu
que doresennavant il ne luy estoit possible porter
harnois, son aage qu'il disoit estre de iiij^{xx} et x ans
ou environ, et la petite revenue de son fief, que il
fu deschargié de faire le service baillant ou envoyant
homme pour lui, abillé le mieulx qu'il pourra; oye
laquelle requeste après ce qu'il de ce informé, fu
deschargié de faire ledit service; maiz lui fu commandé
et enjoint envoyer ung homme vougier à faire icelui
service, ou et quant mestier sera, le mieulx abillié et
armé qu'il pourra.

Robert de Vigny, seigneur de Montullé, présenta
pour faire pour lui led. service Jehan de Vigny, son
filz, armé de brigandines, vouge, salade et espée,
ung paige en sa compaignie, monté de deulx che--

vaulx ; à quoy il fu reçeu, obstant que led Robert n'estoit doresennavant puissant de porter harnois.

Ligier Cornet se présenta armé de corsset blanc, salade et espée et vouge, monté à cheval.

Jehan Garin, escuier, seigneur de Grenieuseville, présenta pour et en lieu de lui, obstant que doresennavant il n'estoit plus de l'aage de porter harnois, Jehan Bertault, armé de brigandines, vouge, salade, dague et espée, monté d'un cheval, qui fu reçeu.

Jehan de Barquet, se présenta pour et en lieu de Regnault de Pommereuil, escuier, seigneur du Moullin Chappel, en abillement de brigandines, salade et vouge, avecques lui ung paige, monté de deulx chevaulx ; lequel de Barquet a esté reçeu à faire le service pour led. de Pommereul, obstant la maladie et percurcion puis naguères advenu à icelui de Pommereul, à l'ocasion de laquelle il ne pourroit servir en personne, ne porter harnoys.

Jehan de Boutevillain, seigneur du fief de Grantvilliers, assis en la viconté de Vernieul, se présenta à cheval, en abillement de brigandines, vouge, salade et gantcletz.

Loup d'Estendart, seigneur de Guernanville, se présenta armé de brigandines, vouge, salade et ganteletz.

Guillot le Diacre se présenta pour et en lieu de damoiselle Simonne Desclez, pour porcion de fief du Brueul Paignart, en abillement de brigandines, vouge, salade et espée et dacgue, monté à cheval, à quoy il fu reçeu, obstant la maladie et fiefblesse et antiquité de lad. damoiselle. Elle a esté déchargée pour ceste foys considéré son cas, pauvreté et maladie.

Jehan de Verrières, seigneur d'une porcion de fief nommé le fief de la Mynorecte, présenta pour son antiquité, paureté et fiefblesse, Colin le Diacre, abillié de haubergon, vouge, salade, ganteletz et dague, monté à cheval; qui fu reçeu.

Denis de Lourme, tenant d'un huitième de fief nommé le fief Grans Terstre, disant que il paioit la taille du Roy, et que en sond. fief n'avoit court ne usaige, ne autre seigneuryal, requerant, ce considéré, estre deschargié à faire ledit service; maiz neantmoins lui fu chargié et enjoint faire et envoier ung homme pour lui à faire led. service, ou et quant mestier sera, en abillement de brigandines ou jaques, vouge, ganteletz et salade.

Robin Péan, tenant de certains heritages qui se reliesvent par vij l. x s., combien qu'il n'y ait court ne usage, se présenta non abillié; par quoy lui fu enjoint aller et faire led. service abillié de vouge, ganteletz et salade, et myeulx se faire le peult.

Pierres Lenier, seigneur du Bois Mahiart, aagié de lxvij ans, se présenta non abillié, disant que il n'avoit de quoy soy maistre en abillement, et que il n'estoit homme qui peust plus porter harnoys, requiert estre dechargié de faire led. service; mais neantmoins lui fu enjoint aller et se trouver, ou envoyer ung homme vougier pour lui, à faire led. service, le myeulx armé et abillié que faire se pourra.

Robinet de la Croys se présenta et fu reçeu pour les hoirs de feu maistre Guillamme Bigot, armé de brigandines, vouge, salade et espée, et à cheval.

Guillamme le Bourssier, pour la sergenterie de Guignon, armé de brigandines, salade, vouge, et à cheval.

Jehan Thorel, tenant d'une porcion de fief nommé les Petites Minières, se présenta non abillié, par quoy lui fu enjoint servir le Roy comme vougier, ou meillieur estat et abillement qu'il pourra.

Magiet Trousson, semblabe tenant d'une petite porcion de fief nommé Chérotes, se présenta sans abillement, et lui fu commandé avoir vouge, arbalestre, salade et myeulx se il peult.

Le lundi xixᵉ jour de mars oud. an mil cccc lx ix, devant Nicolas de Fréville, lieutenant général dud. bailli d'Evreux, se présenta Guillamme le Conte, disant qu'il estoit tenant d'un petit fief ou aisneesse, nommée le fief ou tenement de Hérenger, où il n'a que bien peu de demaine et n'en fait ou paie si nom seullement les droiz et devoirs comme de tennement non noble; et aussi qu'il estoit tenant du manoir et demaines du fief du Baelle, qui lui a esté vendu et fieffé par Nicolas le Conte, escuier, seigneur dud. fieu, auquel il en paie v s. de rente, pour toutes rentes, sans ce que il ait autre droicture en la noblesse du fieu, requérant, actendu ce qui dit est, ce qu'il paie les tailles du Roy et la petite valleur dud. héritage, estre exempt et deschargié.

JAVELINES ET DEMYES LANCES.

Robert de Mentallon, escuier, seigneur du Gérié, présenta pour faire le service pour en lieu de lui Jehan Carré, son nepveu, qui fu reçeu armé de brigandines , salade , espée et javelines , ung paige en sa compaignie, monté de deulx chevaulx.

Jaques du Bois Millon , se présenta armé de corsset blanc , salade , ganteletz , javeline , espée et dague , monté à cheval.

Guillamme Fayel , seigneur du huitiesme de fief assis en la parroesse de Mandres ; et Guillamme Lauderel , seigneur d'une porcion de fief assis au Chesne , se présentèrent ; lesquelz , actendu la petite revenue de leursd. fiefz et ce qu'il paient les tailles et sustites au Roy , furent autorisez , deschargiez et reçeuz et faire led. service , par envoyant à icelui service l'un d'eulx , en abillement de brigandines , salade , espée et javeline , monté d'un cheval.

Robin Morel se présenta et fu reçeu pour et en lieu de Jehan Morel , son père , seigneur du fief du Solligny, en abillement de brigandines , salade , espée et javeline, monté à cheval.

Jehan Langlois , sergent fieffé de Bretheieul , se présenta à cheval , abillié de salade , espée et javeline.

Guillamme Berthelin , tenant d'une petite porcion de fief nommé le fief de Mauny , estant en la main du Roy pour hommage non fait , se présenta abillié de salade , espée et javeline , disant que il n'avoit de quoy soy mieulx abillié.

Jaquet la Biche , seigneur de Motelle , se présenta en abillement de brigandines , javeline , salade et espée , monté à cheval.

Jehan le Pelestier , sergent fieffé de Conches , se présenta à cheval, garny de salade et javeline.

Richart Tiessé, seigneur de porcion du fief de Grénieuzeville, se présenta armé de corsset blanc, salade et javeline, espée et dague, monté à cheval.

Simon des Brosses, escuier, seigneur du Bois Huen, se présenta en abillement de brigandines, salade, javeline et espée et dague, monté sur ung cheval.

Cardin Boulletot, seigneur du fief de Nogent, se présenta à cheval, en abillement de brigandines, salade, javeline, espée et dague.

Guillamme le Grant, seigneur du fief de Blondemare, se présenta armé de brigandines, salade, javeline, espée et dague, ung paige en sa compaignie, monté de deulx chevaulx.

Guillamme de Pierrecourt, seigneur de la Bigotière, et lequel a coustume suivir et fréquenter les guerres, se présenta armé de brigandines, salade, espée et javeline, monté d'un cheval.

Guillamme de Fontaines, qui a coustume suivir et fréquenter les armes, se présenta à cheval, garny de salade, javeline, espée et dague.

Maistre Jehan du Nesme, cirurgien, se présenta pour ce que autrefoys il avoit fréquenté les armes, et estoit abillié de salade, javeline, espée et dague.

Bremor Mausergent, suyvant les armes, se présenta à cheval, armé d'un jaques, salade et hache.

Robinet Patin, seigneur du fief de la Jainjuppe, se présenta, affermant qui n'avoit de quoy soy abillier, obstant la petite valleur de sond. fief; maiz ce néantmoins lui fu enjoint et aussi il se submist servir, abillié de brigandines ou jacques, salade, vouge ou javeline et à cheval.

Guillot Grouart, tenant du fief du Bois Baril, se présenta à cheval, abillié de salade, ganteletz et javeline.

Jehan Loret se présenta armé de corsset blanc, salade, demye lance, espée et dacgue, ung varlet en sa compaignie, monté de deulx chevaulx.

Pierres Enguerren, escuier, seigneur de Larrachée, se présenta armé de curasse, sans harnois de jambes et demye lance, et ung varlet en sa compaignie, montéz chacun d'un cheval.

Pierres le Sesne, escuier, seigneur du fief de la Ppihallière, se présenta en curasse, salade, ganteletz, espée et dague et demye lance et à cheval.

HOMMES D'ARMES.

Allain de Hellemvillier, escuier, seigneur de la Ferté Fresnel, se présenta pour servir le Roy notred. seigneur, en abillement de homme d'arme, deulx archiers, ung gros varlet et ung paige en sa compaignie, montéez de cincq chevaulx.

Monsseigneur Philipes de Fleurigny, chevalier, seigneur de Pommerueil, se présenta en abillement de homme d'armes, acompaignié de troys hommes armés de brigandines, salades, vouges, espées et dacgues, ung gros varlet à armer et ung paige, montéz de six chevaulx.

Monsseigneur Guillamme de Mainemares dit Bellegarde, chevalier, seigneur de Hellenvilliers, se présenta en abillement de homme d'armes, acompaignié de deulx archiers, et Jehan Delamare armé de corsset blanc et vouge, ung paige, montéz de cinq chevaulx.

Jehan de la Haie, escuier, se présenta en abillement de hommes d'armes, ung gros varlet et ung paige en sa compaignie, montéz de troys chevaulx.

Jehan le Conte, escuier, seigneur du Blanc Buisson, se présenta en semblabe abillement de hommes d'armes, à troys chevaulx.

Nicolas le Conte, escuier, seigneur des Rues, en pareil abillement de homme d'armes, à troys chevaulx.

Jehan de Mézerres, escuier, seigneur de Sauquenne, se présenta en abillement de hommes d'armes, ung gros varlet et ung paige en sa compaignie, montéz de troys chevaulx.

Guérard de Vatelet, escuier, seigneur d'un fief assis ou bailliage de Caulx, se présenta en abillement de hommes d'armes, acompaignié d'un gros varlet armé de corset blanc, et ung paige, montéz de troys chevaulx.

Guillamme de Gisay, escuier, seigneur du Bois Normand, se présenta en abillement de homme d'armes, à deulx chevaulx.

Simon Patey, escuier, seigneur d'Auvergny, se présenta oud. abillement de homme d'armes, ung gros varlet et ung paige en sa compaignie, à troys chevaulx.

Etienne Flambart, escuier, seigneur de Villiers en Ouche, se présenta en abillement de hommes d'armes, à troys chevaulx.

Guieffin des Haulles, escuier, seigneur de Grant-villiers, présenta, pour son antiquité et fiesblesse, Jaques des Haulles, son filz, en abillement de homme d'armes, acompaignié d'un gros varlet et d'un paige, montéz à troys chevaulx ; à quoy il fu reçeu.

Robert de Bailleul, escuier, seigneur de Maubuisson, présenter à faire pour lui led. service, Richart de Bailleul, son filz, en abillement de homme d'armes, à troys chevaulx ; à quoy il fu reçeu, actendu que led. Robert de Bailleul n'est plus homme puissant à porter harnoys.

Martin le Grant, escuier, seigneur de la Gaignerie, se présenta en abillement de homme d'armes, à troys chevaulx.

Louys Auber, escuier, seigneur de Montmorain, se présenta en abillement de homme d'armes, à troys chevaulx.

Jehan de Lombellon, escuier, seigneur du fief du Bois Simon, en la viconté d'Orbec, se présenta tant pour lui que pour et en lieu de Gilles de Lombelon, escuier, seigneur des Essars, son père, en abillement de homme d'armes, à troys chevaulx ; à quoy il fu reçeu.

Jehan le Velu, escuier, se présenta en abillement de homme d'armes, à deulx chevaulx.

OFFICIERS EN LADICTE VICONTÉ.

Mathieu Henri, viconte de Conches et dud. lieu de Brethueil, présenta pour et en lieu de lui à faire le service en vers le Roy notred. seigneur, Jehan Berthelot, son lieutenant général, armé de brigandines,

harnoys de jambes, vouge, dague, salade et espée ;
à quoi il fu reçeu pour led. viconte, considéré la
charge et entremisse que a icelui viconte pour led.
seigneur, tant à faire la recepte des deniers deubz à
icelui seigneur, à cause de son demaine de lad.
viconté, que autres choses.

Richart de Beausse, sergent et commissaire des
cinq paroisses, se présenta armé de salade et vouge,
monté à cheval.

Jehan Jouvin, sergent de Glos, en lad. viconté de
Bretheul, présenta pour et en lieu de lui Guillamme
Rouxel, armé de salade, dague et espée, monté à ung
cheval.

LE NOMBRE des nobles noblement tenans, officiers
du Roy et autres de lad. viconté de Conches et de
Brethueil, cy dessus présentéz, est tel qui ensuit :

Archiers,	XIII
Vougiés,	XII
Demies lances et javelines,	XXI
Hommes d'armes,	XVI

ENSUIT les noms et sournoms de plusieurs nobles
et noblement tenans en ladicte viconté, demourans hors dud. bailliage, qui ne se sont présentéz
ausd. montres générales ; lesquellez ont fiefz et
revenues en icelle viconté, qui ont esté et sont prins
et mis en la main du Roy notred. seigneur pour
semblabe cause que desclairé est sur semblabe en la

viconté d'Evreux ; et aussi les lieux ou l'en dit lesd. nobles et noblement tenans estre demourans et résidens.

Dame Collecte de Graveren, religieuse, dame du Bois Chevreul. Elle est demourante ou bailliage de Chartres.

Les religieuses, prieure et couvent [de Chaise Dieu] pour le fief de Nogent et de Beffray. Il est apparu par certiffication comme il se sont présentéz à la montre de Verneuil, en quel viconté il sont demourans.

Jehan de Ricarville, escuier, seigneur de Fourneaux et de Toilley, demourans au Neufchatel, ou bailliage de Caux.

Maistres Gilles le Gouppil, seigneur d'Anffreville la Champaigne, demourant en la ville de Rouen.

Michel Barberocte, seigneur du fief de la Barberocte. Il est demourant au bailliage d'Allençon.

Les hoirs de deffunt Jehan du Porche, seigneurs de Crestes. Il sont demourans ou bailliage de Rouen.

Monsseigneur Jehan de Gouvis, chevalier, seigneur du Bois Normant, à cause de la dame sa femme. Il est demourant ou bailliage de Rouen, en la viconté de Pontaudemer.

Le commandeur de Saint Estienne de Raneville, pour ung fief assis à la Putenaye. Il est apparu par certificacion comme il a présenté aux monstres de Rouen.

Jehan Henri, pour le fief au Tabletier. Demourant à Rouen.

Dame Jehanne du Bieuvre, pour le fief Mahiel. Elle est demourante au Pontaudemer, ou bailliage de Rouen.

Sauvan de la Haye, escuier, seigneur de Hoctot, demourant ou bailliage de Costentin.

Robert de Montargis, pour le fief de Groigny assis aud. lieu de Hoctot. Demourant à la duchié d'Alençon.

Jaques de Courteuvre, escuier, seigneur de Champignolles. Il est apparu par certificacion comme il s'est présenté à Alençon, où il est demourant.

Les religieux, abbé et couvent du Behellouim, seigneur du Plessis Mahiel. Il est apparu par certificacion comme il ont présenté aux monstres de la viconté du Pontauthou et Pontaudemer, où ilz sont demourans.

La dame de Sepoy et dame de Roumilli. Elle est demourante en Picardie.

Le sire Verad, pour ung fief assis à Saint Aubin des Haies. Demourant au pays d'Auvergne.

Ollivier le Beauvoissien, escuier, seigneur de Gasprée. Demourant en la duchié d'Allençon.

Guillamme des Moctes, escuier, seigneur du lieu. Il c'est présenté à la monstre d'Allençon, ainssi qu'il est apparu par certifficacion.

Guillemot de la Rozière, seigneur du lieu. Il est présenté à la monstre d'Argentem, ainsi qu'il est apparu.

Rogier du Jardin, escuier, seigneur des Fourmeriz.

Il est semblabement apparu que il c'est montré à Argenten, où il est demourant.

Jehan le Beauvoissien, escuier, seigneur de Chierville. Il est demourant à Allençon.

Monsseigneur Robert d'Estouteville, chevalier, pour les fiefz de la Mote et Malouy. Il est prévost demourant à Paris.

Monsseigneur Ector du Scel, chevalier, seigneur en partie du Bois Chevreul. Demourant à Meullent, cappitaine du lieu.

Jehan Prevel, escuier, seigneur de Bémécourt et d'une porcion de fief nommé le fief du Four à Ban, assis à la Neufve Lire. Il est demourant ou bailliage de Caulx.

Nicolas Cresté, seigneur de Monthéen et de Lynerolles. Il est apparu comme il c'est présenté à Verneul, où il est résident.

Carles de Mornay, pour le fief de la Brosse au Bastelier et une autre porcion de fief appelé Marmy. Il est demourant ou bailliage de Mante.

Guillamme des Fosses, pour une porcion de fief assis à Grantvillier. Demourant aud. bailliage de Mante.

Le seigneur de Rieux, pour le fief des Mynères. Il [est] demourant en Brethaigne et est led. fief en la main du seigneur de Corneil qui en jouyt par deffault de homme.

Girad de Mantelles, pour son fief assis à Chavigny, led. fief est en la main dud. seigneur de Corneil, qui en jouyt par deffaut de homme, comme l'en dit.

Gilles le Tellier, pour le fief ou vavassourerie des Rotis. Il est apparu par certifficacion comme Jehan Vauquelin, héritier dud. Gilles le Tellier, deffunt, c'est présenté à la monstre de Rouen.

Perrot Langloys, pour le fief ou porcion de fief de Longue Raye. L'en dit qu'il est franc archier de la parroësse Saint Aubin des Joncherez, ou pays du Perche.

Le seigneur de Montmorency, pour le fief, terre et seigneurie de Danville. Il est demourant aud. lieu de Montmorency prèz Paris.

Jehan le Sauvage, pour le fief de Maubuisson, assis au Nuyzemens. Demourant ou bailliage de Gisors.

Dame Jehanne le Baveur, dame d'O, pour les fiefz de Chaigny, de Rouen et d'Arnoulet. L'en dit qu'elle est demourante à Mailleboist, en la viconté du Perche.

Robert le Gras, pour le fief ou tenement de Charnelles. Demourant au Pontaudemer.

Jehan du Mesnil, pour le fief d'Autenay. Il demeure en la viconté d'Auge, comme l'en dit.

Maistre Jehan Henri, prebtre, pour le manoir ou vavassourerie de la Guéroude. Il est conseillers du Roy en parlement et demourant à Paris.

Louys de Coustes, escuier, seigneur de Rugles et du fief de Bailli. L'en dit qu'il est demourant à Compiengne.

Jehan de Coutes, seigneur du fief du Bois Ernault, du fief de l'Escureul et du fief de Lucey, assis en la parroësse de la Neufve Lire. Il est demourant ou pays de Piquardie, comme l'en dit.

Jehan du Val, seigneur du lieu et de la Rouillardière. Il est apparu par certiffication comme il c'est présenté à la monstre de Verneul.

Damoiselle Agnès d'Apres, pour le fief et sergenterie de la Chamoteux, demourant à Verneul.

Monsseigneur Tuaulde de Chasteau Breant, chevalier, seigneur du Plesseys, d'Eschamfray et du fief du Clos. L'en dit quil est résident et demourant à Longny, en la conté du Perche.

Pierre de la Marsaizerie, pour le fief de Couvain. L'en dit qu'il est gernetier et demourant à Dieppe.

Thomas Cousin, pour ung fief ou vavassourerie assis à Glos. Demourant en la viconté de Verneul.

Robert de Cierville, pour le fief du Mesnil Rousset. Demourant à Argenten.

Guillamme de Mélicourt, seigneur du lieu. Il est apparu par certificacion comme il c'est présenté à Verneul.

AUTRES nobles noblement tenans en ladicte viconté Conches et Brethueul, qui sont de l'ostel et ordonnance du Roy notred. sire et lesquelz, pour ceste cause, ont esté tenus pour excuséz et deschargier de eulx présenter esd. monstres généralles.

ET PREMIÈREMENT.

Monsseigneur Jehan d'Estouteville, chevalier, seigneur de Torchi, pour le fief de Corneil.

André de Broullart, escuier, seigneur de Bordigny, de l'ostel et ordonnance Monsseigneur le duc de Bourbon.

Jehan Garin, escuier, seigneur du Mesnil au Viconte.

Robinet de Creveceur, seigneur du Tilleul Gibou.

Jehan Osmont, escuier, pour le fiefz de Conches et de la Quièze.

Colin Tauppin, seigneur du Mesnil aux Bigres et du fief de l'Oraille, cappitaine des francs archers dud. bailliage d'Evreux.

Thibault d'Anffreville, escuier, seigneur de Bières.

Guillamme Mort, seigneur de Monceaux.

Monsseigneur Jehan d'Onnebault, chevalier, seigneur de Messey; cappitaine du chasteau de Touque.

Jehan de Guerencières, escuier, seigneur des Bostereaulx, de l'ostel, escuier d'escuerie du Roy nostre sire.

AUTRES nobles noblement tenans en lad. viconté, lesquelz, pour leur minorité et soubz aage, sont en la garde du Roy nostre sire.

Les enffans soubz aage et héritiers de feu Monsseigneur Charles de Melun, en son vivant chevalier, seigneur de Portes.

Les enffans de deffunt Jehan le Tellier, seigneur de Vitotet.

La fille de deffunt Louys de Han, dame du fief du Fay.

Robert de Mailloc, sergent fieffé de la Ferière.

Les enffans et héritiers de deffunt Messire Jehan de Chamberé, en son vivant chevallier.

Robert d'Acon, soubz aage, seigneur du lieu.

Henri de Mailloc, seigneur de Brueil sur Avre.

Les enffans de feu Jehan Marie, seigneurs de la Vallée et de l'Escureul.

Les enffans soubz aage de feu Jehan de la Noe seigneurs dud. lieu de la Noe et de Gisay.

Les enffans soubz aage de deffunt Monsseigneur Michel d'Estouteville, en son vivant chevalier, seigneurs de Champhuault.

Les enffans soubz aage de deffunt Guillamme de Mambeville, seigneurs de la Court du Boys.

LA VICONTÉ DE BEAUMONT LE ROGIER.

ET PREMIÈREMENT.

ARCHIERS.

Jehan de Saint Cler, escuier, seigneur des fiefz des Petis Mons, de Broude Chappon et du Tillueil, se présenta armé de brigandines, harnoys de jambes, salade, espée, monté à cheval, en abillement d'archier.

Robert Bardoul, seigneur de la Bardouillière, se présenta à cheval, armé de brigandines, salade, espée, arc et trousse.

Cardot Bineault, seigneur du fief Miré, se présenta en abillement d'archier, suffisamment monté et armé.

Maistre Jehan Chrestien, prebtre, seigneur des fiefz de Barquet, des Autieux, de Launoy, d'Atiz et des Boys, se présenta et, pour et en lieu de lui, fu prins et fu reçeu Robert de la Bouverie, en abillement d'archier, monté et armé suffisamment.

VOUGIERS.

Thomas Duval, escuier, seigneur des fiefz du Val, de Beaumontel, de Goutières en partie, et de la sergenterie des Salles, en la chastellenie d'Allençon, se présenta monté de deux bons chevaulx, armé de brigandines, harnoys de jambes, avans bras, salade, ganteletz, dague et vouge.

Jehan d'Arnainville, seigneur de Maubuisson et de Bigars en partie, se présenta à deulx chevaulx, armé de brigandines, salade, dague et vouge, acompaignié de son filz, armé de corsset blanc d'acier, de salade et espée.

Guillamme Lachère, seigneur de la Nobletière et du Boscrogier, se présenta armé de brigandines, harnois de jambes, gardes, ganteletz, salade et vouge, acompaignié d'un gros varlet armé d'une brigandine, hache, montéz de troys chevaulx.

Guieffroy le Mectoier, seigneur du fief de l'Esle, se présenta à cheval, pour lui et Guieffroy le Mectoier, son oncle, armé de brigandines, gardes, ganteletz, harnoys de jambes, vouge et dague, acompaignié d'un paige.

Estienne Dububertre, seigneur de la Pelestière assis en pais du Perche, se présenta armé de brigandines, salade, vouge et dague.

Guillamme Picori, seigneur d'une porcion de fief qui fu Rogier de Fontaines, se présenta à cheval, armé de brigandines, salade, vouge et dague.

Raoul Boudin, seigneur des fiefz Blayvectes et de Graveren, se présenta monté de deulx chevaulx bons et suffisamment armé de brigandines, harnois de jambes, gardes, ganteletz et vouge.

Artur Lemuet, seigneur d'une vavassourerie assise à Calleville, se présenta vougier, monté et armé suffisamment.

Guillamme de Moraines, seigneur du fief qui fu Barras, se présenta et, pour et en lieu de lui, fu reçeu Pierres de Moraines, son filz, en abillement de vougier, suffisamment monté et armé.

Jehan Anquetin, seigneur du Boys, se présenta et, pour son antiquité et fiesblesse, fu reçeu pour lui ung homme armé de brigandines, vouge, salade, ganteletz et dague, monté à cheval; lequel homme est nommé Jehan Ariston.

Estienne de la Porte se présenta et fu reçeu pour et en lieu de Jehan de la Porte, son père, seigneur d'un fief ou vavassorerie nommé le fief Bosquet, assis à Gouppillières, armé de brigandines, salade, dague et vouge.

Loys le Conte, seigneur du fief de Saint Aubin sur Réelle, se présenta et, pour et en lieu de lui, fu reçeu Estienne le Conte, son filz, armé de corsset blanc, salade, ganteletz, dague et vouge.

Jehan Micterel, seigneur du Boscregnoult et de la Chappelle, en la sergenterie de Lire, se présenta monté de deulx chevaulx, armé de brigandines, harnois de jambes, ganteletz, salade et vouge.

Jehan le Roux, seigneur des Haulx Chesnes et de Goutières en partie, se présenta à cheval, armé de brigandines, salade, dague et vouge.

Colin Rassent, seigneur de la Chauvignière, se présenta à cheval, armé de brigandines, salade, dague et vouge.

Robin Haiecte, seigneur de la Glaçonnière, se présenta vougier, deuement monté et abillié.

Nicolas de la Borde, seigneur du Plesseis, se présenta à cheval, en abillement de brigandines, salade et vouge.

Maistre Johan Maignen, prebtre, seigneur du fief du Castel, se présenta et, pour et en lieu de lui, fu receu à faire le service Jehan Goudière, vougier, deuement monté et armé.

Jehan des Guetz, seigneur de Saint Aubin le Vertueux, en abillement de vougier, monté et armé suffisamment.

Guillamme Viret, sergent fieffé en la forest de Beaumont, vougier suffisamment monté et armé.

Remont Paisant.

Jehuat Bigars, sergent fieffé de la sergenterie de Beaumonlt, vougier, monté et armé deuement.

Guillamme Lecoq, sergent fieffé de la sergenterie d'Ouche, se présenta armé de brigandines, salade et vouge.

JAVELINES ET JAVELENIERS.

Michel Hallebout, homme noble et sergent du Nehoursg, se présenta à cheval, armé de brigandines, salade, javeline et espée.

Ollivier de Dompierre, seigneur du Mesnil, se présenta armé de brigandines, salade, javeline et dague, acompaignié de Jehan Hamelin, montéz de deulx chevaulx.

Germain Bineault, sergent fieffé du Homme, se présenta à cheval, armé de brigandines, salade, javeline et espée.

Guillamme Dubois, seigneur du Boscrechier, se présenta à cheval, garny de javeline; et lui fu commandé faire le service et soy armer au mieulx qu'il pourra.

Robert Nicole, seigneur du Chesne, se présenta à cheval, armé de brigandines, salade, espée, dague et javeline.

Pierres Bardouil, seigneur de la Hieicte, se présenta à cheval, en abillement de brigandines, salade et javeline.

Jehan du Bois Barbier, tenant d'une vavassourerie ou porcion de fief assise à Beaumesnil, se présenta à pié, garny d'une javeline et d'une espée; et lui fu enjoint soy monter et armer et faire le service quant et ou mestier sera.

HOMMES D'ARMES.

Jehan de Tournebu, sires et baron de Beaumesnil, seigneur de Marbeuf, de Fumechon, de la Barre, de Glos sur Rille, de Vatteville, de Briquetuit, de Vallequier et d'Achières, se présenta armé de blanc harnois, acompaignié de deulx hommes d'armes, quatre archiers, deulx vougiers et deux paiges, tous montéz et arméz suffisamment.

Lorens, sires de Vieupont, et baron du Neufbourg, seigneur du Bosc Fichier, se présenta armé de brigandines honnestes, salade, harnois de jambes, ganteletz, vouge et hache d'armes, acompaignié de Jehan de Vieupont, son filz, en abillement de homme d'armes et deulx archiers et ung paige, montéz de six chevaulx.

Monsseigneur Jehan de Bouffé, chevalier, seigneur du lieu, se présenta pour lui et en l'acquit des religieux, abbé et couvent de Bernay pour ung service de chevalier; et estoit en abillement de homme d'armes, monté de cinq chevaulx, acompaignié de deulx archiers en bon abillement et de deulx paiges.

Jacques Daché, escuier, pour lui et Simon Daché, seigneur de Tenezeval et de Serquigay, demourans en semble et en communité de biens, se présenta en abillement de hommes d'armes, à quatre chevaulx, ung vougier en sa compaignie, deuement abillé.

Michel Pigace, seigneur de Carentonne et du Menillocte et de partie du fief Rogier de Fontaines, se présenta en abillement d'omme d'armes, à troys chevaulx.

Richart de Hellenvillier, escuier, seigneur de Feuguerolles, se présenta en abillement de homme d'armes, acompaignié de deulx archiers suffisamment montéz et arméz, et d'un paige, le tout à iiii chevaulx.

Philipot Bardouil, seigneur de Faipou, se présenta en abillement de homme d'armes, à trois chevaulx.

Jehan Costart, seigneur de Martot et de la Vitotetière, du fief du Bosc et de Saquenville, se présenta et, pour et en lieu de lui, fu prins et reçeu Pierres Costart, son filz, de Saint Ligier, armé et en abillement de homme d'armes, et fu enjoint aud. Jehan Costart mectre sond. filz. oud. abillement de homme d'armes, à trois chevaulx.

Marguery du Rouyl, seigneur du fief Brunel assis à Combon, et du fief de Bray en partie, se présenta en habillement d'omme d'armes, à trois chevaulx.

Jehan le Blareau, homme noble, se présenta homme d'armes, à iii chevaulx.

Jehan le Loutrel, seigneur du fief des Jardins et

d'Esmanville en partie, se présenta en abillement de homme d'armes, monté de trois chevaulx.

OFFICIERS EN LADICTE VICONTÉ.

Jehanneqin de Guillarbois, escuier, viconte dud. lieu de Beaumont, se présenta armé de brigandines, harnois de jambes, salade et vouge, deulx archiers en sa compaignie et ung paige suffisamment montéz et arméz.

LE NOMBRE des nobles noblement tenans officiers du Roy et autres de lad. viconté de Beaumoult le Rogier est, c'est assavoir :

Archiers,	XVI
Vougiers,	XXVI
Javelines,	VII
Hommes d'armes,	XI

SOMME toute des combatans qui se sont présentez esd. monstres générales dud. bailliage d'Evreux, tant nobles noblement tenans, officiers du Roy, que autres qui ont accoustumé eux armer, suivir et fréquenter les guerres :

ET PREMIÈREMENT.

Archiver tout comprins,	CVIII
Arbalestriers,	II
Vougiers,	II C XIX
Hommes d'armes,	IIII^{xx}V
Demyes lances et javelines,	LI

En quel nombre ne se sont point comprins les cous-

tilliers et varletz à armer, ne aussi plussieurs poures
personnes qui se sont présentéz sans aucun abillement, disant que par aucun temps passé ilz avoient
suyvy et fréquenté les guerres, et que il n'avoient
de quoy eux armer ne abiller, maiz estoient prestz et
avoient bon voulloir de servir le Roy notred. seigneur
ou et quant il plaira à lui ou ses commis ordonner,
pour veu que ilz soient arméz et abilléz ; lesquelz ont
esté renvoyéz en leurs maisons jusques à ce que ilz
soient mandéz, et qui leur soit fait savoir le bon
voulloir et plaisir du Roy.

CI APRES ensuivent les noms et surnoms de plussieurs nobles noblement tenans en lad. viconté de
Beaumont, que l'en dit estre demourans hors dud.
bailliage, lequelz ne se sont point comparus en
faisant lesd. monstres ; pour quoy leurs fiefz et
téneures ont esté prins et mis en la main du Roy
notred. seigneur et soubz icelle seront regis et gouver-
néz jusques au temps, pour les causes et ainssi que plus
applain est faicte mencion sur semblable partie en la
viconté d'Evreux.

ET PREMIÈREMENT.

Le seigneur de Rieux, demourant en Brethaine,
tenant des fiefz de Grosley, Arthies, le fief le Roy,
la Queue du Tronq, des Haies Péré et de Mommorein.

Françoys de Coismes, seigneur de Combon ; l'en
dit qu'il est demourant à Angou.

Le tenant du fief à la Bougesse, assis à Criquetot.
Jehan Dubust, seigneur en partie du fief de Gra-

veron, du fief des Jardins assis à Combon, et de Semerville ; il est d'Allençon.

Robin Pougnant, seigneur du Thuit Chignol en partie, demourant à Rouen.

Robert Camppion, seigneur de la Mote, demourant au Ponteaudemer.

Davy Thomas, seigneur d'une porcion de fief assis au Tronq.

Jehan Legras, tenant du fief au Blanc, demourant ou bailliage d'Alençon.

Le seigneur d'un fief assis au Trembley, qui fu maistre Jehan de la Boullaye.

Jehan de Mante, tenant d'un fief assis à Yville.

Le tenant du fief du Boycart, assis à Combon.

Robinet le Prevost, tenant d'un fief Riglen, assis à la Puille.

Guillot des Essars, tenant du fief de la Quièze.

Guillamme de Fontaine, tenant d'un autre fief assis aud. lieu.

Madame d'Auvilliers, tenant d'un petit fief assis à Thibouville, demourant en la viconté d'Auge.

Pierres Baignart, seigneur d'un fief assis à Omonville, demourant en Auge.

Monsseigneur Jehan d'Avoize, chevalier, seigneur de Granchan, du Homme, et du Val Jardin, demourant ou bailliage d'Allençon.

Robert de la Rivière, seigneur du fief des Tresz, assis à Gisay ; il est demourant en la viconté d'Auge.

AUTRES nobles, noblement tenans, et officiers du Roy notred. seigneur, en la viconté de Beaumont, estant en l'ordonnance et service du Roy notred. seigneur.

Robert Dancy, escuier, seigneur de Cernay, de la charge Monsseigneur le Connestable.

Robert Duval, seigneur d'une porcion de fief assis à Fontaines l'Abbé, de la compaignie Monsseigneur le sénéchal de Toulouze.

Raoullet de Castello, verdier de Beaumont, de l'ostel du Roy.

Loys de Fontaines, seigneur de Criquetot, estant en la court du Roy.

AUTRES gens lesquelz pour cause desclairé sur leur partie et texte, ont esté exemtés de faire le service d'ost.

Robin Boislevesque, bourgeois du Neufbourg, auquel avoit esté enjoint soy présenter à cesd. monstres, pour ce que l'en disoit qu'il estoit tenant de certaine porcion de fief, se présenta et requist qu'il fust exempté de faire le service d'ost au Roy, considéré son aage, aussi qu'il ne tient quelque tenement noble, auquel appartienne court, usage, reliefz, xiii^{es} ne aucuns droys seigneuriaulx ; lequel, considère son cas et qu'il est homme non noble subget au paiement des tailles, habillement de frans archiers et autres subvencions, fu desclairé exempté et deschargié de faire le service.

Colin le Vavassour, bourgeois et demourant aud. lieu du Neufbourg, auquel avoit est fait pareil et semblabe commandement, se présenta à lad. monstre et, pour ce qu'il fu trouvé estre de l'estat dessusd. fu deschargé de soy armer.

AUTRES nobles et noblement tenans en lad. viconté estant pour leur soubz aage en la garde du Roy nostre dit seigneur.

Les enffans soubz aage de feu Jehan Broutin, seigneurs du fief du Pleisseis, assis à Saint Cler de Dressay.

Les enffans soubz aage de feu Guillamme de Mainbeville, tenant du fief de Longesse.

APRÈS lesquelles monstres ainsi faicte et reçeus comme dessus est dit, pour ce que plussieurs gens d'esglise, religieux et autres, ayans fief temporel et revenues oud. bailliage, dont aucuns se présenterent esd. monstres, disans que iceulx fief et revenus ilz tenoient en main morte et que à cause de ce il n'avoient acoustumé faire quelque service d'ost, maiz seullement prières et oroisons, requierant estre tenus paissibles et exemptéz de faire led. service, ainsi que ilz avoient esté le temps passé, fu dit et desclairé que iceulx gens d'esglise, aiant et tenans fiefz et revenues en main morte oud. bailliage, ne seront aucunement contraintz à faire service d'ost, jusques à ce que par le Roy nostre dit seigneur en soit ordonné ; mais ce néantmoins leur fut enjoint eulx tenir prestz et en estat de faire le service au Roy, pour la deffence et garde du pais, s'il leur est fait savoir.

GLOSSAIRE

***

Aides.

On comprenait, sous ce nom, la plus grande partie des impôts, réunis aujourd'hui sous le nom de contributions indirectes.

Aisnéesse.

C'était ordinairement un ténement subdivisé postérieurement à la concession entre les ayants droit. On donnait le nom d'aîné à celui qui était chargé des devoirs seigneuriaux envers le suzerain.

Apparoir.

Démontrer.

Arbalestre. *Balista manualis.*

Machine offensive qui consistait en un arc attaché au bout d'une espèce de bâton ou chevalet de bois, que la corde de l'arc, quand il n'était point bandé, coupait à angles droits.

Le concile de Latran, en 1139, défendit aux arbalétriers et archers d'exercer leur art contre les chrétiens, mais il ne paraît pas que cette défense ait été observée.

Arc.

Louis XI commença, en 1481, à abolir en France l'usage de l'arc et de la flèche, pour introduire les armes des Suisses, c'est-à-dire la hallebarde, le pique et les larges épées.

Archer. *Sagittarius.*

Espèce de milice qui portait un arc et en tirait.

Les archers de la garde du roi étaient nobles.

On appelait autrefois francs-archers des gens de guerre exempts d'impôts. C'est Charles VII qui forma cette milice, vers 1440. Chaque village du royaume s'engageait à lui équiper ou lui entretenir un archer qui, à condition de marcher en campagne, quand l'ordre lui en serait donné, était affranchi de toutes tailles ou subsides, ce qui leur fit donner le nom de *francs-archers*.

Louis XI cassa les francs-archers, en 1481, pour décharger les bourgs de l'entretien de cette milice.

Bailliage.

Etendue de la juridiction du bailli.

Il y avait en Normandie sept grands bailliages : ceux de Rouen, de Caux, de Gisors, d'Evreux, de Caen, d'Alençon et de Coutances.

Le bailliage d'Evreux comprenait, au XVe siècle, quatre vicomtés ; mais ce nombre fut augmenté plus tard.

Brigandine. *Lorica. Ferreus thorax.*

Haubergeon, cotte de mailles. Espèce de corselet fait de lames de fer attachées les unes aux autres sur leur longueur, par des clous rivés ou par des crochets. Cette armure fut mise en usage par Charles VII, lors de l'établissement des francs-archers.

Brigandinier.

Homme armé de brigandine.

On prétend que ce nom leur vint d'une compagnie de soldats que la ville de Paris arma et soudoya, en 1356, pendant l'emprisonnement du roi Jean, qui étaient armés de brigandines, et dont les désordres leur firent donner le nom de brigands.

Borel dérive leur nom de *Bruge,* espèce d'armure ancienne, faite de lames de fer jointes, et dont les brigands se servaient comme de cuirasse.

Juste Lipse le fait venir de *Bragants,* qui signifie fantassins.

Fauchet, au contraire, en trouve la racine dans *brig* ou *brug,* vieux mot gaulois qui signifie *un pont*; parce que, dit-il, les ponts sont les lieux où l'on détrousse communément les passants.

Chastellain.

Gouverneur d'un château dépendant du domaine royal.

Chastellenie.

Territoire dépendant de la juridiction d'un châtelain.

Chevalier.

Dignité la plus élevée de la milice féodale du moyen-âge.

Le chevalier était toujours possesseur d'un fief de haubert, au moins.

Communuté.
Communauté.

Contrerouilleur.
Contrôleur.

Corgeri. *Voy. Gorgerin.*

Coustille. *Cultellus.*

Arme offensive dont se servaient les soldats du XVᵉ siècle, vers le temps de Charles VII. C'était une espèce d'épée plus longue que les épées ordinaires, et tranchante depuis la garde jusqu'à la pointe, fort menue, et à trois faces ou pans.

Le coustiller devait être armé de brigandine ou de corset, fendu au côté à la façon d'Allemagne ; de gorgerin, sallade, flamards, faltes ou brayers d'archer ; d'avant-bras à petites gardes et gantelets ; javeline à arrêt, légère et la plus raide qu'il pouvait trouver pour la coucher au besoin ; et être fourni de bonne épée et dague tranchante, à deux côtés.

Coustouillier. *Voy. Coustille.*

Couvergner.
Gouverner.

Cuirasse, Curasse.

Arme défensive faite d'une lame de fer battu qui couvre le corps depuis le cou jusqu'à la ceinture, tant par devant que par derrière.

Les cavaliers ne prirent la cuirasse que vers l'an 1300.

Saint Dominique l'encuirassé, est un saint du XIᵉ siècle auquel on donna ce surnom, parce qu'il portait toujours une cuirasse de fer, par pénitence.

Dague, Dacgue. *Sica. Pugio.*

Gros poignard dont on se servait autrefois dans les combats singuliers.

La dague à rouelle était un poignard assez long, monté d'une rouelle fort large qui lui servait de garde. Elle fut introduite par Louis XI, mais abolie dès le siècle suivant.

Épée. *Ensis. Gladius.*

Arme offensive pour percer et couper. Elle était faite d'une lance de fer tranchante et pointue, avec une garde, une poignée et un pommeau.

En Espagne, les épées sont toujours de longueur fixe indiquée par une marque.

L'*épée à deux mains,* ou *espadon,* qu'on tient à deux mains, devait être tournée si vite et si adroitement, qu'on en était toujours couvert.

Escuier. *Scutifer.*

Titre féodal inférieur à celui de chevalier.

C'était aussi le gentilhomme servant d'un chevalier, et qui portait son écu.

Eslu.

Juge d'une juridiction pour les aides et les impôts.

Fébliesse.

Faiblesse.

Fiefferme.

Héritage concédé à perpétuité, moyennant une rente fixe.

Franc archier. *Voy. Archier.*

Gantelet. *Cœstus.*

Gros gant pour armer la main d'un cavalier armé de toutes pièces. Il était de fer et les doigts couverts de lames écaillées. On commença à porter des gantelets vers l'an 1300.

Gernetier.

Gardien du grenier à sel.

Gorgerin, Gorgeri, Gorgeron, Gorgière.

Partie de l'armure qui servait à couvrir la gorge quand un homme était armé de toutes pièces. C'était presque la même chose que ce qu'on appelle aujourd'hui un *hausse-col.*

Guernier.

Grenier. On appelait grenier à sel le dépôt de cette denrée vendue par les employés du fisc.

Guiserme. Guisarme. *Bipennis. Bisarma.*

C'était une hache à deux tranchants, alors en usage en France.

Hache. *Ascia.*

La hache d'armes est une petite arme dont le manche était de fer, qui, d'un côté, était taillée en forme de hache, et de l'autre, ordinairement, en marteau. Les anciens hommes d'armes en portaient pour s'en servir quand ils avaient brisé leurs lances.

En mer, la *hache d'armes* est une hache coupant d'un côté et pointue de l'autre, et qui sert à l'abordage.

Harnoî. *Armatura.*

Armure complète : la cuirasse, le casque et tout l'équipage des armes d'un cavalier pesamment armé.

Harnois blanc.

Armure de fer ou d'acier.

Homme d'armes.

Gentilhomme qui combattait à cheval, armé de toutes pièces.

Sous Charles VII, chaque homme d'armes devait avoir avec lui cinq personnes, savoir : trois archers, un coustiller ou écuyer, et enfin un page ou valet.

Le nombre de personnes attachées à l'homme d'armes qui composait la *lance fournie*, n'a pas toujours été le même.

Louis XII, dans une ordonnance du 7 juillet 1498, décréta qu'il serait de sept hommes, et François Ier, le 28 juin 1526, de huit hommes.

Jacque. *Militare strangulum.*

Petite casaque que les cavaliers portaient autrefois sur leurs armes et cuirasses. Elle était faite de coton et de soie, courtepointée entre deux étoffes légères. Elle s'appelait aussi *haubert* ou *haubergeon*. On en faisait aussi de drap d'or et d'argent, d'où sont venus les jacquettes et grands pourpoints.

Le *jacque de maille* était une armure faite de plusieurs petits anneaux attachés ensemble en forme de maille, qu'on portait sur les vêtements. Les poltrons qui se battaient en duel mettaient un jacque de maille sous leurs pourpoints, ce qui obligea ceux qui se battaient sans supercherie, de mettre pourpoint bas en se battant.

Jaseron, Jazeron. *Lorica.*

Vieux mot qui signifiait autrefois *jacque de mailles, cotte de mailles;* on disait un homme armé de nobles jaserons, un cheval couvert de jaserons. Il signifiait aussi une chaîne d'or tissue de mailles plates et entrelacées comme une cotte de mailles.

Javeline. *Hasta.*

Arme d'hast ou demi-pique. Elle avait 5 pieds et demi de long ; son fer avait trois faces aboutissantes en pointe.

Joevier.

Janvier.

Lance. *Lancea.*

Arme offensive du cavalier, faite d'un bois long comme une demi-pique, pointu et ferré par le bout et pesant du côté de la main.

La lance avait trois parties : la poignée, les ailes et la flèche.

Lance était aussi pris pour synonyme d'homme d'armes, avec sa suite obligée.

Lance (demi-).

Paraît être une lance plus courte que la lance ordinaire.

Lance fournie. *Voy. Homme d'armes.*

Main-morte.

Etat des biens des communautés et des abbayes qui n'étaient pas sujets à des mutations.

Monstre.

Montre et revue étaient autrefois synonymes.

Les montres des compagnies d'ordonnance se faisaient quatre fois par an. Il y en avait deux générales, où se trouvait toujours un maréchal de France. Celles-ci se faisaient en armes, c'est-à-dire que les gens d'armes y paraissaient équipés avec l'armure complète de pied en cap, comme s'ils avaient été sur le point de combattre. Les autres étaient des revues particulières de chaque compagnie qui se faisaient en présence du commissaire.

Ost.

Armée.

Paige.

Page.

Plat de l'espée ou plaid de l'épée.
Juridiction criminelle.

Prevost.
Chef des échevins et de la juridiction municipale de Paris.

Robert d'Estouteville n'est point inscrit au nombre des prevots de Paris dans la liste chronologique publiée par M. Leroux de Lincy. Cependant, un acte du 2 juillet 1468, faisant partie du chartrier du château de Breuilpont, que nous avons sous les yeux, porte cet intitulé : *Robert d'Estouteville, chevalier, seigneur de Beyne, baron d'Ivry et de Saint-Andrieu en la Marche, conseiller, chambellan du Roy notre sire, et prevost de Paris.*

Salade. *Plana galea. Depressa cassis.*
Léger habillement de tête qui différait du casque en ce qu'il n'avait point de crête et n'était presque qu'un simple pot. On l'a appelé aussi *bourguignote.*

Celada, en espagnol, signifie petit casque.

Sergent. *Serviens.*
Officier de la justice chargé d'exécuter ses arrêts, à peu près comme les huissiers d'aujourd'hui.

Sergent fieffé.
Celui dont l'office était inféodé.

Suyvir.
Suivre.

Soubz aage.
Mineur.

Susfites.
Subsides.

Taille.
Contribution levée sur les personnes, les revenus et les propriétés.

Tennement.
Portion de fief, et, plus souvent, immeuble tenu en roture.

Trousse. *Braccæ.*
Espèce de haut de chausse relevé.
Trousse signifiait aussi un carquois garni de flèches.

Varlet.

Valet, serviteur.

C'était aussi quelquefois le synonyme de page.

Vouge.

Teli antiqui species. Borel.

Epieu, pic, dard.

Vougier, Voulgier.

Homme armé de vouge.

Vavassorerie.

Arrière-fief ou tènement vilain, d'étendue médiocre, relevant d'un fief noble, qui paraît cependant avoir été quelquefois tenu noblement.

Verdier.

Conservateur des forêts royales, d'un grade inférieur au maître des forêts. Sa juridiction, qui ne s'étendait qu'aux bois confiés à sa garde, était limitée à soixante sous d'amende.

Vicomté.

Etendue de la juridiction du viconte. Il y en avait quatre dans le bailliage d'Evreux, au XVe siècle, ainsi que le prouvent les montres que nous publions.

TABLE

DES NOMS DE PERSONNES.

TABLE

DES NOMS DE LIEUX ET DE FIEFS.

www.ingramcontent.com/pod-product-compliance
Lightning Source LLC
Chambersburg PA
CBHW070016110426
42741CB00034B/1908